Marlis Weber

Trockenfrüchte und Nüsse

Powerfood zum gesunden Schlemmen

Mit heimischen und
exotischen Sorten
zu mehr Vitalität und
Gesundheit

SÜDWEST

Inhalt

Getrocknete Datteln harmonieren besonders gut mit Marzipan; sie passen aber auch zu würzigem Käse.

Powerfood für Körper und Geist   4

Fruchtige Vitalstoffbomben von A bis Z

Die besten Exoten

Die beliebtesten Nüsse und Samen

Powerfood für Körper und Geist

Trockenfrüchte, Nüsse und Samen sind die größten Energielieferanten der Früchtewelt und enthalten fast alle Stoffe, die wir täglich brauchen.

Meist haben sie eine lange Reise überstanden, bevor sie in unsere Läden gelangen. So kommen beispielsweise Trockenpflaumen aus Kalifornien, Feigen aus der Türkei, Korinthen aus Korinth, Pinienkerne aus Portugal, Haselnüsse aus Italien und Kürbiskerne aus Österreich.

Traditionell spielen Trockenfrüchte, Nüsse und Samen eine große Rolle während der Adventszeit. Die äußerst nahr- und schmackhaften Vitalstoffbomben sind unverzichtbarer Bestandteil der Weihnachtsbäckerei und dürfen weder in Christstollen und Früchtebrot noch in Makronen und Vanillekipferln fehlen.

Immer größere Beliebtheit

Immer häufiger kommen Trockenfrüchte, Nüsse und Samen auch in der deutschen Küche auf die alltägliche Zutatenliste. Nicht zuletzt, weil man mehr über ihre positiven Auswirkungen auf die Gesundheit weiß. Doch auch pur gegessen sind sie ein gesunder Snack zwischendurch und somit eine wertvolle Alternative zu Süßigkeiten und Zucker. Trockenfrüchte und Nüsse eignen sich zum Süßen oder Verfeinern vieler Speisen, wie z. B. von Desserts, Parfaits oder Fruchtsalaten, und geben auch vielen pikanten Gerichten erst die typische Note oder den richtigen Biss.

Trockenfrüchte

Trockenfrüchte sind neben frischem Obst die natürlichsten und – in Maßen genossen – auch die gesündesten Naschereien. Aufgrund der darin enthaltenen Fruchtsäuren und der vielfältigen natürlichen Fruchtaromen sind sie nicht nur erfrischend, sondern erfüllen auch höchste kulinarische und gesundheitliche Ansprüche.

Durch den Trocknungsvorgang werden viele Nährstoffe der Früchte sechs- bis achtfach konzentriert. Trockenfrüchte sind dadurch wertvolle Träger von Frucht- und Traubenzucker, lebenswichtigen Mineralstoffen, wie beispielsweise Kalium, Magnesium und Eisen, und von Ballaststoffen, die für die Vedauung von größter Wichtigkeit sind. Sie sind deshalb nicht nur unter kulinarischen, sondern auch unter ernährungsphysiologischen Aspekten äußerst empfehlenswert. Mittlerweile gibt es auch eine große Auswahl an Früchten; neben Rosinen kann man heute getrocknete Aprikosen, Datteln, Feigen, Pflaumen oder Birnen kaufen. Doch auch »exotische«, ausgefallene Fruchtsorten sind es wert, probiert zu werden: köstlich aromatische getrocknete Kirschen, herrliche Mangos, erfrischende Ananas und knackige Sauerkirschen.

Das Trocknen

Der Wassergehalt frischer Früchte beträgt etwa 80 bis 90 Prozent; aus diesem Grund ist die Haltbarkeit frischer Früchte relativ begrenzt.

Das Trocknen von Früchten oder anderen Lebensmitteln ist daher eines der ältesten Konservierungsverfahren. Über Jahrhunderte hinweg war es die einzige Möglichkeit, Früchte auch für den Winter haltbar zu machen und überschüssige, nicht gleich verwertbare Früchte dauerhaft zu konservieren.

Die konservierende Wirkung beruht auf dem Entzug von Wasser. Der Wassergehalt von Früchten sinkt auf weniger als 20 Prozent ab, so dass sich weder Fäulnis noch Schimmel bilden können. Trockenfrüchte sind heute bereits so weit verbreitet, dass – unabhängig vom Ertrag – ein Teil der Ernte zum Trocknen verwendet bzw. das Obst schon extra dafür angebaut wird. Wie bei anderen Lebensmitteln ist auch bei Obst der Wasserentzug durch Trocknen eine geeignete Methode, die Entwicklung von Mikroorganismen zu hemmen. Gleichzeitig werden durch eine entsprechende Vorbehandlung die in den frischen Früchten wirksamen Enzyme weitgehend inaktiviert. Trockenfrüchte müssen deshalb auch immer trocken gelagert werden, da bei einer Zunahme des Wassergehalts die Mikroorganismen wieder aktiv werden und die Früchte dann oft besonders schnell verderben.

Konzentration der Nährstoffe

Beim Trocknen der Früchte erhöht sich deren Nährstoffgehalt erheblich. Ein Beispiel: 100 Gramm frische Pflaumen enthalten bei einem Brennwert von 50 Kilokalorien (200 Kilojoule) im Durchschnitt etwa 0,6 Gramm Eiweiß, 0,1 Gramm Fett und 11,9 Gramm Kohlenhydrate. 100 Gramm getrocknete Pflaumen dagegen enthalten bei einem Brennwert von 222 Kilokalorien (927 Kilojoule) im Durchschnitt etwa 2,3 Gramm Eiweiß, 0,6 Gramm Fett und 47,4 Gramm Kohlenhydrate.

Ob getrocknete Pflaumen, Aprikosen oder Apfelringe – Trockenfrüchte schmecken köstlich und sind wichtige Energie- und Vitaminlieferanten.

Die Früchte werden heute teilweise noch an der Sonne getrocknet, meistens jedoch professionell in Umluftkammern bei etwa 50 bis 60 °C in trockener Hitze.

Hitzeempfindliche Vitamine, beispielsweise Vitamin C, gehen bei der Trocknung zwar verloren, doch dafür sind in Trockenfrüchten Mineralstoffe in großer Menge vorhanden. So enthalten z. B. Aprikosen viel Kalium und Eisen, Feigen sind dagegen besonders kalziumreich.

Weiterverarbeitung

Bei konventionell erzeugten Trockenfrüchten werden die Früchte zum Schutz vor Schädlingen (Motten oder Milben legen gerne ihre Eier in die zum Trocknen ausgelegten Früchte)

mit Methylbromid begast. Die Behandlung gilt zwar als unbedenklich, da Methylbromid nicht wasserlöslich ist und man davon ausgeht, dass sich dieses Gas schnell wieder verflüchtigt; gelegentlich werden in Lebensmittelproben jedoch Rückstände dieses Gases nachgewiesen.

Ökologisch erzeugte Produkte hingegen werden nach der Ernte schockgefroren, um auf diese Weise eventuelle Schädlinge zu vernichten. So kann auf die Begasung verzichtet werden.

Um die Haltbarkeit weiter zu verlängern und unerwünschten Verfärbungen vorzubeugen, werden viele Trockenfrüchte geschwefelt. Die Früchte werden dadurch unempfindlicher, heller und optisch ansprechender. Ab einem Gehalt von 50 Milligramm Schwefel in einem Kilogramm Früchte müssen die Früchte jedoch gekennzeichnet werden (»geschwefelt«). In Deutschland ist die Höhe des Schwefelgehalts auf 2000 ppm (parts per million – Milligramm pro Kilogramm) begrenzt. Übrigens: Wenn »nicht geschwefelt« auf der Ware steht, können Sie dennoch nicht sicher sein, dass tatsächlich nicht geschwefelt wurde. Der Gesetzgeber erlaubt auch bei als »ungeschwefelt« deklarierter Ware noch einen Gehalt von zehn Milligramm Schwefel pro einem Kilogramm Früchte.

Viele Menschen reagieren auf Schwefel mit Überempfindlichkeit und Unverträglichkeitsreaktionen in Form von Kopfschmerzen oder Atembeschwerden; außerdem zerstört Schwefel das Vitamin B1. Für Reformhaus-Ware wird die Schwefelung und Begasung daher abgelehnt.

Als empfehlenswerte Qualitäten gilt bei Trockenfrüchten nur Ware, die unbegast und ungeschwefelt ist.

Größensortierung und Verpackung

Nach der Behandlung gegen Schädlinge erfolgt die Größensortierung, die sorgfältige Kontrolle auf einen eventuellen Schäd-

lingsbefall oder Schimmelpilzgifte und das Abpacken per Hand in verschiedene international gültige Formen. So werden die so genannten Protobenfeigen z. B. flach gedrückt und schuppenförmig in Schichten gelegt. Leridafeigen kommen zu Ringen gedrückt in den Handel. Naturalfeigen werden gar nicht gelegt, sondern als lose Ware in Kartons angeboten.

Wirkung auf die Gesundheit

Trockenfrüchte sind ideale Bestandteile einer gesunden, vollwertigen Ernährung. Sie liefern in konzentrierter Form Energie und Kohlenhydrate, enthalten kaum Fett und sind reich an Ballaststoffen, Mineralstoffen und verschiedenen Vitaminen. Dazu kommen bioaktive Substanzen wie Polyphenole, Flavonoide, Karotinoide, Beta-Karotin und viele andere »obsttypische« Inhaltsstoffe in konzentrierter Form. Durch den hohen Gehalt an Kohlenhydraten sind Trockenfrüchte der ideale Pausensnack für all diejenigen, die eine Extraportion an gesunden Nährstoffen benötigen, z. B. Kleinkinder, Schulkinder und Schwangere. Besonders geschätzt werden Trockenfrüchte von Sportlern aufgrund der idealen Verbindung von Ballaststoffen und Monosacchariden (Einfachzuckern). In der Sporternährung gefürchtet wird die Sekundärwirkung von Einfachzuckern – also von Traubenzucker und Süßigkeiten –, weil sie zunächst zu einer Über- und dann leicht zu einer Unterzuckerung führen können. Bei Trockenfrüchten hingegen regulieren die Ballaststoffe die Resorption der Monosaccharide. Dadurch gelangen sie langsamer und kontinuierlicher ins Blut und verhindern den schnellen Anstieg und ebenso schnellen Abfall des Zuckerhaushalts.

Darmbeschwerden vorbeugen

Trockenfrüchte regen die Verdauung an und eignen sich deshalb bei Verstopfung sehr gut als mildes Abführmittel. Die besondere Zusammensetzung aus Fruchtsäuren, Pektinen und Ballaststoffen wird hierbei aktiv. Pektine werden zudem auch aufgrund ihrer cholesterinsenkenden Wirkung geschätzt. Bioaktive Substanzen, wie beispielsweise Polyphenole und Flavonoide, schützen generell vor Infektionen und beeinflussen die Blutgerinnnung. Karotinoide schützen vor schädlichen Oxidationen im Körper, stärken das Abwehrsystem und können dadurch auch das Wachstum von Krebszellen hemmen.

Schönheit von innen

Nach einer jüngst veröffentlichten Studie der Tofts University in Boston/USA haben Trockenfrüchte und hier insbesondere Trockenpflaumen eine ungleich höhere Fähigkeit, freie Radikale unschädlich zu machen, als irgendein anderes Obst oder Gemüse. Die kleinen, saftigen Früchte erweisen sich als beste Waffe gegen die Folgen des Älterwerdens, denn freie Radikale sind hochaggressive Zerfallsprodukte biochemischer Reaktionen und entstehen im Blut und in den Zellen. Ursache dieser Reaktionen sind z. B. Umweltgifte. Nach wissenschaftlichen Erkenntnissen sind freie Radikale für den Alterungsprozess des Menschen mitverantwortlich, da sie die Zellen angreifen und u. a. Vitamine im Körper zerstören. Darüber hinaus stehen sie im Zusammenhang mit Krankheiten wie Alzheimer, Parkinson und Krebserkrankungen. Amerikanische Wissenschaftler empfehlen, täglich mehrere Portionen getrocknete Pflaumen und andere Früchte und Gemüse zu essen, um den Alterungsprozess von Körper und Gehirn wirksam zu verlangsamen.

Basis der Studie war eine neu entwickelte Methode namens ORAC zur Analyse des Gehalts an Antioxidanzien in Lebensmitteln. ORAC steht für Oxygen Radical Absorbance Capacity und gibt den Grad der antioxidativen Wirkung an. Die Höhe der Maßzahl ist damit entscheidend für die Fähigkeit des untersuchten Lebensmittels, die aggressiven freien Radikale unschädlich zu machen. Dabei stellte sich heraus, dass Trockenpflaumen mit einem ORAC von 5770 ganz oben auf der Liste der antioxidativen Lebensmittel stehen, gefolgt von Rosinen mit 2830. Der hohe Kaliumgehalt, der in fast allen Trockenfrüchten vorliegt, trägt zu einer basenüberschüssigen Ernährung bei und hilft bei der Entwässerung des Körpers. So ist ein Reistag, angereichert mit Trockenaprikosen, ideal, um den Körper zu entlasten und einige Pfunde zu verlieren. Weiterhin enthalten einige Trockenfrüchte größere Mengen an Eisen. Dies ist vor allem für Frauen von Bedeutung, da ein Eisenmangel hier besonders häufig auftreten kann.

Einkauf und Lagerung

Beim Einkauf von Trockenfrüchten sollte man immer die höchste Qualität – am besten Reformhaus-Qualität – bevorzugen. Achten Sie darauf, dass sie möglichst ökologisch angebaut und unbegast und ungeschwefelt haltbar gemacht wurden. Bei der Lagerung ist zu beachten, dass sie luftdicht aufbewahrt werden, damit sie nicht weiter austrocknen und hart werden. Auch der Schutz vor Dampf und Feuchtigkeit ist wichtig, da es

Reis, kombiniert mit getrockneten Pflaumen und frischen Aprikosen, entschlackt und unterstützt eine bewusste Ernährung.

auch vorkommen kann, dass Trockenfrüchte schimmeln. Ein weißlicher Belag auf den Früchten entsteht, wenn Zuckerbestandteile auskristallieren. Er ist zunächst einmal harmlos, deutet aber darauf hin, dass die Früchte einen Teil ihres Restwassers verloren haben, weil sie eventuell schon zu lange gelagert wurden.

Küchentipps

Viel Fruchtaroma und eine gelungene Mischung von Süße und Säure machen Trockenfrüchte als Zutat für viele Rezepturen äußerst attraktiv. Für Kuchen, Stollen, Früchtebrote und Plätzchen können sie ganz oder klein geschnitten direkt verwendet werden. Sie verfeinern Hefe-, Mürbe- und Quark-Öl-Teige. Rührkuchen gelingen besser, wenn man die Rosinen vor dem Unterheben leicht in Mehl wendet. So bleiben sie gleichmäßig verteilt und sinken während des Backens nicht nach unten. Falls Rosinen oder Feigen zu fest geworden sind, lassen Sie sie vor dem Backen kurz in Milch aufquellen, sonst nehmen sie beim Backen zu viel Flüssigkeit aus dem Teig auf, und der Kuchen wird trocken. Statt der Rosinen können Sie in Kuchen auch getrocknete Pflaumen, Sauerkirschen und Süßkirschen sowie getrocknete Mangos oder Ananas verwenden. Die Zugabe von Zucker kann unter Verwendung von Trockenfrüchten oft um die Hälfte reduziert werden, da die Früchte genug Süße enthalten und abgeben.

Für Desserts, Obstsalate, Fruchtgrützen und auch süß-pikante Gerichte sollten Trockenfrüchte zuvor in wenig Wasser oder in leichten Fruchtsäften ca. 30 bis 60 Minuten lang eingeweicht werden. Dazu legt man sie in so viel Flüssigkeit, dass sie gerade bedeckt sind, und gibt noch einige Gewürze und abgeriebene Orangen- oder Zitronenschale hinzu. Wenn sie weich sind, können sie weiterverarbeitet werden. Softfrüchte (siehe Seite 15) können ohne Einweichen direkt verwendet werden.

Mit Wein verfeinern

Bei manchen Rezepten schmecken Trockenfrüchte auch köstlich, wenn sie in Wein, eventuell in Dessertwein, eingeweicht oder aufgekocht werden. Sie können auch püriert als Grundlage für Saucen, Füllungen, Eis und Cremes verwendet werden. Ihr konzentrierter fruchtiger Geschmack, der dennoch angenehm säuerlich ist, passt zudem zu vielen Fleischgerichten.

Nüsse und Samen

Nüsse und Samen gehörten zur Urnahrung der Menschheit. Aus Sagen, Liedern und Mythen weiß man, dass Nüsse im Altertum nicht nur der Ernährung dienten, sondern auch Symbolcharakter besaßen. Sie galten beispielsweise als Sinnbild für Fruchtbarkeit, einen reichen Kindersegen, für konzentrierte Weisheit und Geduld.

Nüsse und Samen sind die größten Energielieferanten der Früchtewelt. Sie enthalten neben großen Mengen hochwertiger Öle viel Eiweiß, lebenswichtige Vitamine und Mineralstoffe sowie wertvolle Ballaststoffe.

Der hohe Fettgehalt verleiht den Kernen einen großen Nährwert, viel Energie und einen herrlichen Geschmack. Er macht sie jedoch gleichzeitig zu kleinen Kalorienbomben, daher sollte man sie nicht in zu großen Mengen verzehren.

Nuss ist nicht gleich Nuss

Der Begriff »Nüsse« ist die übliche Sammelbezeichnung für Walnüsse, Haselnüsse, Mandeln, Maronen, Pistazien, Pekannüsse, Paranüsse, Cashewnüsse und Kokosnüsse. Diese Einteilung entspricht jedoch nicht der botanischen Zuordnung.

Pistazien sind beispielsweise Steinfrüchte, Erdnüsse sind Hülsenfrüchte, und Paranüsse gehören zu den Kapselfrüchten.

Nahrhafte Köstlichkeiten

Ernährungsphysiologisch weisen diese Produkte – ebenso wie die Samen, z. B. Sonnenblumenkerne, Kürbiskerne, Sesam, Mohn und Hanfsaat – viele Gemeinsamkeiten auf. Als Vermehrungsorgane der Pflanzen sind sie sehr fett- und eiweißreich und besitzen neben den Vitaminen der B-Gruppe auch die fettlöslichen Vitamine A und E. Das Fett der meisten Nüsse (eine Ausnahme bilden Kokosnüsse) ist aufgrund des sehr günstigen Verhältnisses von mehrfach ungesättigten Fettsäuren zu gesättigten Fettsäuren und aufgrund des hohen Gehalts an Ölsäure und Lezithin aus ernährungsphysiologischer Sicht äußerst interessant. Da sie vor dem Verzehr nicht verarbeitet werden müssen, sind sie als Vitalstofflieferanten für unsere Ernährung besonders wertvoll. Neben Vitaminen enthalten Nüsse eine Vielzahl von Mineralstoffen, wie z. B. Kalzium, Phosphor, Eisen, Zink und Magnesium. Auch das in Nüssen und Samen ebenfalls reichlich enthaltene Eiweiß besitzt eine hohe biologische Wertigkeit.

Gesundheitsschädliche Nebenwirkungen

Als unerwünschter Bestandteil kommt in einzelnen Nüssen das Blausäureglykosid Amygdalin vor, aus dem nach dem Verzehr durch die Einwirkung eines Enzyms Blausäure freigesetzt wird. Diese giftige Säure ist besonders in bitteren Mandeln nachzuweisen, bei süßen Mandeln spielt sie keine Rolle.

Ein weiteres Gesundheitsrisiko stellt der mögliche Pilzbefall dar. Geschälte oder zerkleinerte Nüsse können von der Pilzart Aspergillus befallen sein, die das hochgiftige Aflatoxin in verschiedenen Formen bilden kann. Seit den siebziger Jahren existiert eine Verordnung über Aflatoxinhöchstmengen in Nüssen und Samenfrüchten. Überschreitungen der Höchstmengen wurden bei Überprüfungen, die stichprobenartig erfolgen, in den letzten Jahren ab und zu festgestellt. Es waren jedoch meistens Produkte minderer Qualität.

Auch angeschimmelte Nüsse müssen sofort beseitigt werden. Gefährdet sind dabei vor allem geschälte Nüsse. Ungeschälte Nüsse sind selten von Schimmel befallen.

Da Aflatoxine gegen Hitze beständig sind, können auch geröstete Nüsse befallen sein.

Gesundheitswirkung

Nüsse und Samen sind in einer gesunden, vollwertigen Ernährung als Frischkostbestandteil äußerst wertvoll. Sie enthalten Energie in konzentrierter Form – 100 Gramm Walnüsse liefern im Durchschnitt 600 Kilokalorien – und sind als Pausensnack ideal in Schule, Beruf und Sport. Besonders von Menschen, die geistig arbeiten, werden sie auch aufgrund des hohen Lezithingehalts geschätzt. Vielleicht wäre so manche Diplomarbeit ohne »Studentenfutter« (eine Mischung aus Nüssen und Rosinen) nicht geschrieben worden.

Aufgrund ihres hohen Eiweißgehalts sind Nüsse auch ein wichtiger Bestandteil der Vegetarier- und Allergikerkost.

Indikationen für bestimmte Nüsse und Samen

Nüsse und Samen sind zwar fettreich, enthalten jedoch kein Cholesterin. Wegen der günstigen Fettsäurezusammensetzungen – einem hohen Gehalt an mehrfach ungesättigten und einem niedrigen Gehalt an gesättigten Fettsäuren – und dem hohen Vitamin-E-Gehalt eignen sie sich in geringen Mengen sehr gut bei Herz-Kreislauf-Erkrankungen und bei Fettstoffwechselstörungen.

• Erhöhter Harnsäurespiegel und Gicht: Nüsse und Samen sind purinarm und daher in kleinen Mengen auch hier gut geeignet (eine Ausnahme bilden Erdnüsse mit einem Puringehalt von ca. 100 Milligramm/100 Gramm).

• Glutenunverträglichkeit (Zöliakie): Nüsse und Samen sind glutenfrei und daher sehr gut bei Zöliakie geeignet. Sie bringen Abwechslung in viele Rezepte und machen die erlaubten Getreidespeisen kerniger.

• Bluthochdruck: Nüsse und Samen haben ein günstiges Natrium-Kalium-Verhältnis – wenig Natrium, viel Kalium – und sind daher bei Bluthochdruck gut geeignet. Geröstete und gesalzene Nüsse sollten allerdings nicht gegessen werden.

• Diabetes mellitus: Nüsse und Samen sind bei Stoffwechselerkrankungen generell gut geeignet, da sie reich an Ballaststoffen sind. Übergewichtige Diabetiker sollten die fettreichen Köstlichkeiten jedoch meiden.

• Allergien: Nüsse und Samen sind als Eiweißträger wichtige Alternativprodukte bei Kuhmilch- oder Hühnereiweißallergie. Sie versorgen vor allem Säuglinge (hier ist der Einsatz von Mandel- und Nussmilch zu empfehlen) und Kleinkinder mit wertvollem Eiweiß.

• Verstopfung: Nüsse und Samen haben einen hohen Ballaststoffanteil und sind generell als kleine Zwischenmahlzeit und als Müslizutat günstig bei Verstopfung. Speziell geeignet ist Leinsamen, der aufgrund des hohen Quellvermögens das Stuhlvolumen vergrößert und die Darmtätigkeit anregt.

• Blasenschwäche und Prostataprobleme: Zahlreiche klinische Studien konnten die Wirksamkeit von Kürbiskernen bei der Prostatavergrößerung, der Reizblase und der Stressinkontinenz belegen.

• Osteoporose: Hier spielen Nüsse und Samen, vor allem Sesam, aufgrund des hohen Kalziumgehalts eine Rolle.

Einkauf und Lagerung

Achten Sie beim Einkauf auf die Herkunft der Nüsse und Samen, und bevorzugen Sie Produkte aus ökologischem Anbau. Wichtig ist ebenfalls das Mindesthaltbarkeitsdatum, vor allem bei zerkleinerten Produkten. Falls Nüsse und Samen angeschimmelt sind, müssen sie sofort beseitigt und die Behälter am besten mit heißem Essigwasser ausgewaschen werden.

Durch ihren hohen Fettgehalt können Nüsse und Samen leicht ranzig werden. Bei guter, luftiger, trockener und möglichst kühler Lagerung sind ganze Nüsse etwa ein Jahr lang haltbar.

Geschälte, vor allem aber zerkleinerte Nüsse und Samen können Luftsauerstoff aufnehmen; sie sind deshalb relativ empfindlich und verlieren zudem auch ihre Aromastoffe. Zur Vorratshaltung sollte man Nüssen mit Schalen den Vorzug geben und zerkleinerte Produkte in wenigen Wochen verbrauchen oder portionsweise einfrieren. Da Nüsse und Samen einen geringen Wassergehalt haben, sind sie direkt aus der Tiefkühltruhe sofort verwendbar und müssen nicht lange aufgetaut werden. Praktisch ist eine kleine Mandelmühle oder eine Rohkostreibe, die nicht nur mahlen, sondern mit der groben Scheibe auch hobeln kann.

Für manche Gerichte, wie beispielsweise Obstsalat, Müsli und einige Kuchensorten, eignen sich grob zerkleinerte Nüsse außerdem besser als gemahlene.

Küchentipps

Fast die Hälfte des Pro-Kopf-Verzehrs von 3,5 Kilogramm Nüssen pro Jahr wird in der Vorweihnachtszeit gekauft. Mit Mandeln, Walnüssen und Haselnüssen, Kokosraspeln und Erdnüssen bekommt aber nicht nur Weihnachtsgebäck einen fei-

nen Geschmack. Auch außerhalb der Weihnachtszeit sind Nüsse und Samen in der Küche sehr vielseitig verwendbar. Sie bilden die Grundlage vieler Rezepte, vor allem für Kuchen, Gebäck und viele – oft vollwertige – Brotsorten, und verleihen zahlreichen Speisen eine besondere, »knackige« Geschmacksnote. Nüsse schmecken ganz oder zerkleinert in Müslis, Aufläufen, Obstgerichten, vor allem aber in Obstsalaten, über Salate gestreut, auf Gemüse überbacken und in Saucen verarbeitet. Auch Kartoffelpuffer und vegetarische Bratlinge werden durch die Zugabe von Nüssen nicht nur eiweißreicher, sondern auch geschmacklich interessanter.

Veredelung durch Rösten

Um Nüssen noch mehr Aroma zu verleihen, ist es am einfachsten, sie in Öl bzw. Butter goldgelb zu rösten. Bei manchen Sorten geht es auch ganz ohne Fett. Gegen Ende der Röstzeit können sie dann noch mit wenig Salz oder – je nach Verwendungszweck – mit etwas Zucker, Honig oder anderen Gewürzen bestreut werden.

Auch durch kurzes Rösten im Backofen verändert sich ihr Aroma. Man gibt die Nüsse einfach auf ein Backblech und schiebt sie dann bei etwa 200 °C (Gas Stufe 2 bis 3) in den Backofen. Bei dieser Temperatur benötigt das Rösten der Nüsse ca. fünf Minuten. Dabei sollte man aber regelmäßig nachsehen und das Backblech schütteln, damit sie gleichmäßig bräunen.

Das Rösten intensiviert nicht nur das Aroma, sondern löst bei Haselnüssen, Walnüssen und Pekannüssen auch die dünne braune Haut. Um sie zu entfernen, schüttelt man die Nüsse in einem Sieb, so dass sich die Haut weitgehend von selbst ablöst.

Softfrüchte – eine Neuentdeckung

Softfrüchte aus dem Reformhaus sind das ganze Jahr über fruchtig frisch, zart im Biss und natürlich ganz ohne Konservierungsstoffe.

Zur Herstellung von Softfrüchten werden die sorgfältig ausgewählten Trockenfrüchte durch die Zugabe von Trinkwasser rehydriert – der Feuchtigkeitsgehalt der Früchte steigt dabei auf 30 bis 35 Prozent an.

Um die Haltbarkeit von mindestens zwölf Monaten zu erreichen, werden die Softfrüchte pasteurisiert und anschließend in einem wieder verschließbaren Beutel verpackt. Softfrüchte werden dadurch besonders saftig und aromatisch.

Sie sind reich an Mineralstoffen, Vitaminen, schnell verfügbaren Kohlenhydraten und Ballaststoffen. Bei so viel wertvollen Inhaltsstoffen kann man diesen fruchtigen Snack ganz ungeniert und außerdem mit gutem Gewissen naschen.

Aus Mandeln, Haselnüssen und erhitztem Zucker lässt sich edler Krokant zubereiten, der besonders zu Weihnachten sehr beliebt ist.

Ananas

Aussehen und Herkunft

Die Ananas entstammt den Tropen Brasiliens, ist die Frucht einer krautigen Pflanze und ist botanisch gesehen ein »Beerenfruchtverband«.

Die Ananaspflanze (Ananas comosus), eine winterharte Pflanze, besteht aus unzähligen Blüten, die kreisförmig um eine Blütenachse angeordnet sind. Aus der Mitte dieser Rosette treibt nach ein bis eineinhalb Jahren die fleischig werdende Blütenachse aus, aus der sich die ein bis vier Kilogramm schwere gelbbraune, rotbraune oder grünliche Ananasfrucht mit einem grünen Blattschopf entwickelt. Das Fruchtfleisch ist goldgelb.

Es gibt weltweit ca. 100 verschiedene Ananassorten (z. B. Smooth, Cayenne, Queen, Red Spanish u. a.).

1493 wurde die Ananas von Christoph Kolumbus auf Guadeloupe entdeckt. Doch ihre Urheimat soll die Tropenzone Südamerikas – vielleicht Paraguay – sein, wo sie von den Ureinwohnern nana meant (köstliche Frucht) genannt wurde.

Wegen ihrer Ähnlichkeit mit einem Pinienzapfen nannten die Spanier sie piña, im Englischen heißt sie ebenfalls pineapple.

Die Spanier und Portugiesen verbreiteten die Ananas in ihren Kolonien. Heute ist sie eine wichtige Nutzpflanze in den Tropen der ganzen Welt. Hauptanbaugebiete sind Westindien, Mittel- und Südamerika, Hawaii, Thailand, China und Afrika.

Die zu *Trockenfrüchten* verarbeiteten Ananasfrüchte werden zunächst in Fabriken maschinell geschält und in Scheiben geschnitten. Das Mittelstück wird herausgenommen. Die Ananasscheiben werden auf mit Draht bespannten Holzrahmen in Tunnel geschoben. Hier erfolgt die Trocknung, indem erwärmte Luft an ihnen vorbeigeführt wird. Durch die zügige Trocknung bleibt ihre gelbliche Farbe erhalten.

Bei gesüßter Ware taucht man die Ananasscheiben vor der Trocknung in eine Zuckerlösung. Angeboten werden getrocknete Ananasstücke oder auch ganze Ringe.

Die Abfälle der Früchte, die Schale, der Strunk und die Enden, werden häufig zu Kompott, zur Herstellung von Essig oder zu Viehfutter verarbeitet.

Empfehlenswerte Qualitäten

Qualitativ hochwertig sind getrocknete, ungeschwefelte Ananas, die ohne Sorbinsäure

Beschwipste Früchte

Zutaten *(für ca. 10 Portionen): 1 kg ungeschwefelte, gemischte Trockenfrüchte mit hohem Ananasanteil • abgeriebene Schale von 1 unbehandelten Zitrone und 1 unbehandelten Orange • 1 Vanilleschote • 1 Zimtstange • 1–2 l Rum (Alkoholgehalt mindestens 50 %)*

Zubereitung

1 Die Früchte klein schneiden und in ein schmales, hohes Gefäß einschichten.

2 Die Zitronen- und Orangenschalen, die Vanilleschote und die Zimtstange dazwischengeben und mit Rum aufgießen. (Die Früchte müssen mit Rum bedeckt und das Gefäß darf nur zur Hälfte gefüllt sein. Die Früchte quellen noch stark nach, deshalb muss nach etwa 1 Tag Rum nachgegossen werden.)

3 Die Früchte sollten ungefähr 1 Woche lang durchziehen; dann können sie als Beilage zu Desserts gegessen werden.

Achtung »Beschwipste Früchte« schmecken köstlich – allzu viel davon ist jedoch ungesund.

Trockenfrüchtekompott mit Ananas

Zutaten *(für 12–14 Portionen): 50 g frische Ingwerwurzel • Schale von 2 unbehandelten Zitronen • 2 Zimtstangen • 1 kg gemischte Trockenfrüchte mit hohem Ananasanteil • 1/2 l trockener Weißwein • 1/2 l Wasser • 2 EL Speisestärke*

Zubereitung

1 Ingwer schälen und in Scheiben schneiden. Zitronen waschen, die Schale abschälen und zusammen mit Zimt und Trockenfrüchten in eine Schale geben. Mit Wein und Wasser übergießen.

2 Einige Stunden (eventuell über Nacht) stehen lassen. Dann etwa 10 Minuten lang kochen.

3 Speisestärke in kaltem Wasser anrühren, vorsichtig in die kochenden Trockenfrüchte geben. Verrühren und aufkochen lassen. Lauwarm servieren.

hergestellt wurden. Hin und wieder findet man auch Produkte aus ökologischem Anbau. Reformhaus-Ananasstücke und Ananasringe werden ausschließlich aus reifen Ananasfrüchten der besten Anbaugebiete Westafrikas und Thailands geschnitten und sind ungeschwefelt.

Der süße und aromatische Ananasgeschmack mit seiner feinen, erfrischenden Säure bleibt durch die schonende Trocknung ohne Zuckerzusatz und durch die sorgfältige Verarbeitung optimal erhalten.

Die Ananas enthält das eiweißspaltende Enzym Bromelain, das verdauungsfördernd wirkt und gut für den gesamten Organismus ist. Außerdem ist die Ananas reich an Kalium, Kalzium, Eisen und Folsäure.

Verwendung und Küchentipps

Getrocknete Ananasstücke sind ein gesunder Knabberspaß für zwischendurch und eine köstliche Zutat zum morgendlichen Müsli. Sie eignen sich nicht nur für die Zubereitung von allerlei Gebäck und Desserts, sondern auch als Dekoration.

Besonders gut schmecken getrocknete Ananasstückchen in Obstsalat. Dazu lässt man die Ananasstücke entweder in Marinade ein halbe Stunde lang quellen, oder man lässt den fertigen Obstsalat eine halbe Stunde lang durchziehen.

Der Hauptanteil der Ananasproduktion wird allerdings als Nasskonserve in Form von Pulpe, Saft und vor allem in Form von Fruchtstücken oder -scheiben importiert.

Die Ananas ist ein wahres Wunder an gesunden Bio- und Mineralstoffen, die auch in der getrockneten Frucht erhalten bleiben.

Nuss-Ananas-Pudding

Zutaten *(für 12 Portionen): 200 g weiche Reformhausmargarine
1 EL Zimt • 1 TL Koriander • 1 TL Vanillezucker • 130 g Vollzucker
oder Ursüße • 1 Prise Meersalz • 5 Eier • 250 g gemahlene Haselnüsse
(oder andere Nüsse) • 150 g Vollkornsemmelbrösel • 3 EL Weizenmehl
80 g getrocknete Ananasstücke • Fett für die Form*

Zubereitung

1 Margarine mit Zimt, Koriander, Vanillezucker, Zucker und Salz
schaumig rühren.
2 Eier trennen, Eigelbe nach und nach einrühren. Eiweiß zu steifem Eischnee schlagen.
3 Haselnüsse, Vollkornsemmelbrösel und Mehl in die Eigelbcreme
einrühren. Eischnee locker unterziehen. Ananasstücke (nicht vorher einweichen) klein schneiden und in den Teig geben.
4 Die Masse in eine gefettete Puddingform füllen, mit einem
Deckel bedecken. Im Wasserbad (entweder in einem hohen Topf
mit geschlossenem Deckel oder im Backofen bei geringer Hitze)
ca. 1 Stunde garen. Anschließend stürzen.
Tipp Servieren Sie den Nuss-Ananas-Pudding mit Vanillesauce,
Weinschaumsauce oder einem Kompott aus Trockenaprikosen.

Ananaskonfekt

Zutaten *(für ca. 25 Kugeln): 200 g getrocknete Ananas • 100 g Aprikosen (Softfrüchte; siehe Seite 15) • 50 g Sonnenblumenkerne • 3 EL Zitronensaft*

Zubereitung

1 Getrocknete Ananas und Softfruchtaprikosen mit dem Pürierstab
oder dem Fleischwolf zerkleinern und mit Sonnenblumenkernen
vermischen. Zitronensaft zu der Frucht-Nuss-Masse geben und
daraus kleine Kugeln formen.
2 Zum Aufbewahren die Ananas-Aprikosen-Kugeln in Papierkonfektförmchen geben.

Äpfel

Aussehen und Herkunft

Äpfel sind die Früchte des Apfelbaums (Pyrus malus), die zum Kernobst zählen. Abgesehen von der Quitte blüht der Apfelbaum als letzter unserer heimischen Obstbäume im Mai. An Kurztrieben erzeugt er doldenartig stehende, kurzstielige, fünfzählige Blüten mit weißen, auf der Unterseite meist rosa angehauchten Blütenblättern.

Aus seiner Urheimat zwischen Schwarzem Meer und Kaspischer See hat er sich über alle Erdteile verbreitet. Auf den ersten, in unserer Region gezogenen Kulturapfel deuten Funde aus Pfahlbaudörfern im süddeutschen Raum hin.

Getrocknete Apfelringe gibt es in vielen Ländern. Sie unterscheiden sich aber durch ihr Aroma, ihre Größe und die Verarbeitung. Hauptexportländer sind Kalifornien, Tasmanien, Kanada, Italien und das ehemalige Jugoslawien. Je nach Witterung und Reife wird ab Mitte September bzw. Anfang Oktober geerntet. Zum Trocknen werden Spätsorten mit großen Früchten, säuerlichem Geschmack und kleinem Kerngehäuse bevorzugt. Vor dem Trocknen werden die Äpfel maschinell geschält, vom Kern-

gehäuse befreit und dann in Scheiben geschnitten. Danach werden sie auf Darren (Drahtgitter) in großen Trockenöfen auf ca. 16 Prozent Wassergehalt heruntergetrocknet. Um ein eventuelles Nachdunkeln zu vermeiden, behandeln konventionelle Hersteller die Apfelringe mit Zitronensäure und Salz; aus demselben Grund werden die Ringe auch manchmal geschwefelt.

Empfehlenswerte Qualitäten

Bevorzugen sollten Sie ungeschwefelte Apfelringe ohne Sorbinsäurezusatz, die Sie im Reformhaus erhalten. Für dieses Qualitätsprodukt werden nur reife Äpfel verwendet und schonend getrocknet.

Der Geschmack von getrockneten Apfelringen ist fruchtig-süß und durch die Fruchtsäure besonders erfrischend.

Verwendung und Küchentipps

Apfelringe sind ein gesunder Knabberspaß für den kleinen Hunger zwischendurch und eine köstliche Zutat zum morgendlichen Müsli.

Sie sind Bestandteil von Trockenfruchtmischungen und natürlich als Kompott sehr gefragt. Gerade dem bekannten Früchtebrot verleihen sie ein köstliches, frisches Aroma.

Kartoffelpuffer mit Apfelkompott

Zutaten *(für 4–6 Portionen): Für die Kartoffelpuffer: 500 g Kartoffeln*
1 Zwiebel • 1–2 Eier • 2 EL Mehl • 1 Bund Schnittlauch • Meersalz
weißer Pfeffer • Kokosfett zum Braten
Für das Kompott: 200 g getrocknete, ungeschwefelte Apfelringe
50 g getrocknete, ungeschwefelte Ananasstücke • 300 ml Apfelsaft
1 Prise Vanille • eventuell 1 Messerspitze Biobin (Johannisbrotmehl)

Zubereitung

1 Kartoffeln schälen, waschen und reiben. Zwiebel abziehen und
fein würfeln. Mit Eiern, Mehl und Schnittlauch vermengen. Mit
Meersalz und Pfeffer würzen.

2 Kokosfett in einer Pfanne erhitzen und nacheinander darin kleine
Puffer goldgelb braten.

3 Apfelringe und Ananasstücke mit dem Apfelsaft und der Vanille
bei kleiner Hitze zum Kochen bringen. 10 Minuten bei milder Hitze
ziehen lassen, eventuell mit Biobin leicht binden.

Apfel-Kiwi-Grütze

Zutaten *(für 4–6 Portionen): 100 g getrocknete Apfelringe • 1/2 l natur-*
trüber Apfelsaft • 1/2 l Wasser • abgeriebene Schale von 1 unbehandel-
ten Zitrone • 60 g Perltapioka (Maniok) aus dem Reformhaus • 2 Kiwis
2 EL Linden-Akazien-Honig • 1 Prise Zimt • 1 Prise gemahlene Nelken

Zubereitung

1 Die getrockneten Apfelringe etwa 30 Minuten lang in naturtrü-
bem Apfelsaft einweichen. Dann zusammen mit dem Wasser erhitzen, Zitronenschale zugeben, Perltapioka einrühren und bei geringer Hitze ca. 30 Minuten ausquellen lassen.

2 Nach 20 Minuten 1 klein geschnittene Kiwi, Honig und die Gewürze zugeben. Die andere Kiwi in Scheiben schneiden.

3 Die Apfel-Kiwi-Grütze in 4 bis 6 Portionsschalen füllen und kühl
stellen. Die Grütze vor dem Servieren mit jeweils 1 frischen Kiwi-
scheibe garnieren.

Aprikosen

Aussehen und Herkunft

Aprikosen sind die Früchte des Aprikosenbaums (Prunus armeniaca) und zählen zum Steinobst.

Der Aprikosenbaum kann bis zu fünf Meter hoch werden. Er hat große, hellrosa bis weiße, duftende Blüten, die direkt am Stamm und an den Ästen des Baums sitzen. Die Früchte sind gelb bis orangerot, haben orangefarbenes Fruchtfleisch und eine samtigbehaarte Haut, die erst weich wird, wenn die Frucht voll ausgereift ist.

Der Baum steigert seinen Fruchtertrag nach und nach von 20 Kilogramm auf bis zu 200 Kilogramm. Die ersten Früchte trägt er nach vier bis fünf Jahren.

Es gibt mehr als 40 verschiedene Aprikosensorten. Neben wild wachsenden, etwas säuerlichen Früchten werden auch süße Aprikosen von veredelten Bäumen angeboten.

Die Heimat des Aprikosenbaums ist Zentralasien. Etwa um das Jahr 100 n. Chr. wurde er nach Griechenland gebracht. Heute wächst er in den USA, in Südafrika, in Australien, in fast allen Mittelmeerländern und auch in Deutschland in Gebieten mit »Weinklima«.

Hauptlieferant für *Trockenaprikosen* ist die Türkei. Das größte Anbaugebiet für diese süße Frucht liegt in der Gegend um Malatya im Inneren der Osttürkei. Die Ernte beginnt Ende Juli. Die Früchte werden gepflückt und anschließend auf Leinentüchern in der Sonne getrocknet. Der Stein wird entfernt. Die Größensortierung erfolgt fast immer maschinell. Zur Konservierung wird die Ware meist geschwefelt.

Aus drei bis vier Kilogramm Frischfrüchten lassen sich etwa ein Kilogramm Trockenfrüchte gewinnen.

Sorten und Anbaugebiete

Zur Trocknung werden hauptsächlich die kalifornischen Sorten »Blendheim« und »Tilton« verwendet. Im Iran wird die Ware nicht nach Sorten, sondern nach Anbaugebieten unterschieden, wie z. B. »Täbris«, »Sharoud« und »Gheisse«. Dies gilt auch für die Türkei: »Malatya« steht hier für das bedeutendste Produktionszentrum.

Trockenaprikosen werden ganz und als Hälften angeboten. Sie sind fast immer geschwefelt; man erkennt sie sehr leicht an ihrer hellen Farbe. Ungeschwefelte Aprikosen dagegen sind eher dunkel.

Wähe mit Trockenfrüchten

Zutaten *(für 8–10 Portionen): 300 g Weizenmehl • 1/2 Päckchen Trockenhefe • 2 EL Zucker • 1 Prise Meersalz • 40 g Butter oder ungehärtete Pflanzenmargarine • ca. 1/2 l Milch • Fett für die Form 250 g getrocknete Aprikosen • 150 g getrocknete Pflaumen • Wasser 50 g Marzipanrohmasse • 2 Eier • 150 g Sahne • 1 Prise Zimt*

Zubereitung

1 Für den Teig Mehl, Hefe, Zucker und Salz vermischen. Weiches Fett und lauwarme Milch zugeben und alles zuerst mit dem Knethaken des Handrührers, danach mit den Händen verkneten. An einem warmen Ort ca. 40 Minuten gehen lassen, bis sich der Teig verdoppelt hat.

2 Teig nochmals durchkneten und zu einem Kreis ausrollen. Eine gefettete Backform (Durchmesser 28 Zentimeter) damit auslegen.

3 Aprikosen und Pflaumen mit Wasser bedecken und ca. 30 Minuten einweichen. Anschließend abgießen und gut trockentupfen. Den Teig damit belegen.

4 Die Marzipanrohmasse zerkrümelt über die Früchte streuen. Eier, Sahne und Zimt verquirlen und darüber gießen. Im vorgeheizten Backofen bei ca. 200 °C (Gas Stufe 3–4) etwa 40 Minuten lang backen. Herausnehmen und abkühlen lassen.

Aprikosensuppe

Zutaten *(für 4 Portionen): 200 g Aprikosen (Softfrüchte) • 1/2 l Wasser 1/2 l Apfelsaft • Schale von 1 unbehandelten Zitrone • 3 Nelken*

Zubereitung

1 Softaprikosen kurz in Wasser und Apfelsaft einweichen.

2 Zitronenschale und Nelken zugeben und das Ganze kurz aufkochen lassen.

Tipp Im Sommer schmeckt die erfrischend säuerliche Aprikosensuppe am besten, wenn sie kalt serviert wird; im Winter kann man sie direkt nach dem Aufkochen servieren.

Empfehlenswerte Qualitäten

Zu empfehlen sind die ungeschwefelten Bioaprikosen aus
dem Reformhaus. Sie stammen
aus einem Bioprojekt nahe Malatya in der Türkei und werden
schonend in der Sonne getrocknet. Sie sind besonders süß, saftig
und aromatisch, eine Schwefelung der Bioaprikosen ist nicht
nötig. Die Früchte werden gewaschen, sortiert und dann bei
ca. minus 40 °C schockgefroren,
um die letzten Schädlinge zu
vernichten. Erst danach werden
sie gelagert und transportiert.
Softaprikosen (siehe Seite 15)
sind besonders hochwertig. Sie
können sofort verzehrt werden;
ein Einweichen ist nicht mehr
erforderlich.

Mineralstoffreiche Frucht

Der Gesundheitswert von Aprikosen ist hoch, da Aprikosen unter den Trockenfrüchten den
höchsten Gehalt an Kalium, Eisen und Phosphor besitzen.
Außerdem sind sie reich an Magnesium, Zink, Karotinoiden (die
Vorstufe des Vitamin A), fruchteigenem Zucker und Ballaststoffen.
Sie unterstützen eine basenreiche Ernährung.
Trockenaprikosen wirken außerdem adstringierend, regen den
Appetit an und unterstützen die
Blutbildung.

Aufgrund des hohen Kalium-
und Magnesiumgehalts sind sie
auch für Sportler gut geeignet.
Schon 25 Gramm (drei bis vier
Aprikosen) decken aufgrund ihres hohen Karotingehalts den
Vitamin-A-Tagesbedarf eines Er-
wachsenen. Im Büro, in der
Schule, beim Sport, aber vor allem auf langen Autofahrten sind
sie wegen ihrer erfrischenden
Säure als gesunde Knabberei
sehr beliebt.

Verwendung und Küchentipps

Getrocknete Aprikosen sind gesunde Energiespender für zwischendurch, aber auch eine köstliche Zutat für Müslis, Obst- und
Käsekuchen sowie für süße und
pikante Getreidegerichte. Eingeweicht schmecken sie allein oder
gemischt mit anderen Obstsorten
zu Aufläufen, Waffeln, Pfannkuchen und Suppen.
Auch mit Weißwein oder Obst-
säften aufgekocht, sind getrocknete Aprikosen attraktiv als Kompott, Grütze oder Fruchtsuppe.
Im Sommer schmecken sie am
besten eisgekühlt und mit Minze
oder Melisse serviert.
Aprikosenkerne sind ein bedeu-
tendes Nebenprodukt, das vor allem in der Süßwarenindustrie
eingesetzt und zu Persipan verarbeitet wird. Die Kerne müssen
jedoch vorher entbittert werden.

Wirsingpfanne mit getrockneten Aprikosen

Zutaten *(für 4–6 Portionen): 300 g Kartoffeln • 400 g Zwiebeln 4 Knoblauchzehen • 2 kleine Chilischoten • 4 EL kaltgepresstes Sonnenblumenöl • 1 Prise Cayennepfeffer • Meersalz • 4 EL Tomatenmark 1 l Gemüsebrühe • 125 g getrocknete Aprikosen • 500 g Wirsingblätter 1 Möhre • 150 g Bulgur • Hefewürze • 1 Prise Zucker • 100 g Schafkäse*

Zubereitung

1 Kartoffeln, Zwiebeln, Knoblauch und Chilischoten schälen bzw. abziehen und würfeln. In heißem Pflanzenöl anbraten. Mit Cayennepfeffer und Meersalz würzen, Tomatenmark unterrühren und mit Gemüsebrühe aufgießen.

2 Aprikosen und Wirsingblätter (von den dicken Mittelrippen befreit) in Streifen schneiden, Möhre grob reiben. Zusammen mit dem Bulgur in die Gemüsebrühe geben, aufkochen und ca. 20 Minuten lang garen. Mit Hefewürze und Zucker abschmecken.

3 In eine Pfanne oder feuerfeste Form geben, mit Schafkäsewürfeln bestreuen und ca. 10 Minuten im vorgeheizten Backofen bei 225 °C (Gas Stufe 3–4) überbacken oder grillen.

Aprikosenkugeln

Zutaten *(für ca. 20 Stück): 150 g getrocknete, ungeschwefelte Aprikosen • 2 EL heißes Wasser • 2 EL milder Honig • 2 EL Zitronensaft oder Rum • 150 g Kokosraspeln*

Zubereitung

1 Die Aprikosen mit heißem Wasser beträufeln und im Mixer zerkleinern. Mit Honig, Zitronensaft oder Rum vermengen und 3/4 der Kokosraspeln unterkneten.

2 Aus dieser Masse und den restlichen Kokosraspeln kleine Kugeln formen und im Backofen bei 60 °C (Gas Stufe 1) gut trocknen lassen.

Tipp Die Aprikosenkugeln können etwa 2 bis 3 Wochen lang aufbewahrt werden.

Bananen

Aussehen und Herkunft

Die Banane ist die samenlose Frucht der Obstbanane (Musa sapientum) und zählt zu den Südfrüchten.

Bananen wachsen an drei bis acht Meter hohen Stauden und haben riesige Blätter. Jede Pflanze kann nur einmal tragen; dann allerdings werden ihre Fruchtstände bis zu 60 Kilogramm schwer. Die Stände, an denen zwischen 10 und 25 einzelne Früchte wachsen, entwickeln sich aus den rotvioletten Blüten. Nach einem Jahr kann geerntet werden. Nach der Ernte wird die Staude umgehackt, und eine neue wächst aus der Wurzel. Die Blüten und Fruchtstöcke sind samenlos. Die umgehackten Stauden bleiben in den Plantagen liegen, verfallen und bilden Dünger für das weitere Wachstum.

Die zwei wichtigsten Arten der Obstbanane sind die westindische Banane mit großen, leicht süßen Früchten und die kanarische Banane oder Zwergbanane mit kleineren, süßen Früchten, die jedoch noch empfindlicher sind als andere Sorten und daher lange Zeit nur in den Anbauländern erhältlich waren. Ursprünglich kommt die Banane aus Malaysia. Zum ersten Mal wurde aber schon im fünften oder sechsten Jahrhundert v. Chr. aus Indien über die gelbe Frucht berichtet.

Die Hauptproduzenten heute sind Indien, die Philippinen und Indonesien sowie Südamerika. Vor allem Brasilien und Ecuador exportieren die köstliche Frucht. Auf das *Trocknen von Bananen* haben sich ganz besonders Ecuador und Guatemala spezialisiert. Die Trockenbanane wird im tropischen Ursprungsland aus der vollreifen frischen Banane hergestellt. Dazu werden vorwiegend kleine Früchte der Sorte »Gros Michel« verwendet. Damit der optische Eindruck bei Trockenbananen sauber und appetitlich ist, werden die Enden der Bananen abgeschnitten. Da keine Zusätze verwendet werden, die die Bananen hell halten, sehen die Früchte braun aus. Bananen verderben sehr leicht; aus diesem Grund muss ihnen möglichst viel Wasser entzogen werden, wodurch die getrockneten Früchte manchmal etwas hart erscheinen.

Empfehlenswerte Qualitäten

Besonders wertvoll sind naturbelassene getrocknete Bananen aus Ecuador. Sie haben ein sehr intensives Aroma, und ihr Nährstoffgehalt ist zudem ausgesprochen hoch konzentriert.

Winterkuchen mit getrockneten Bananen

Zutaten *(für 12–16 Stücke): 150 g ungehärtete Pflanzenmargarine oder Butter • 2–3 EL Honig • 3 Eier • 1 Prise Meersalz • 125 g getrocknete Bananen • 2–3 EL Rum • 100 g Sonnenblumenkerne • 220 g fein gemahlenes Weizenvollkornmehl • 1 gehäufter TL Backpulver • Fett für die Form*

Zubereitung

1 Margarine oder Butter, Honig und Eier zu einer schaumigen Masse verrühren. Meersalz zugeben.

2 Bananen in kleine Stücke schneiden und mit Rum beträufeln. Die Früchte zusammen mit den Sonnenblumenkernen zu der Schaummasse geben.

3 Das Mehl mit dem Backpulver vermischen und unter die Fruchtschaummasse rühren. Den Teig in eine gefettete Kastenform füllen und im vorgeheizten Backofen bei 180 bis 200 °C (Gas Stufe 2–3) etwa 50 bis 60 Minuten backen.

Powermüsli

Zutaten *(für 2 Portionen): 1 Becher Joghurt à 150 g • 1 Becher saure Sahne à 150 g • 1 EL Honig • 50 g getrocknete Bananen • 1 EL Sonnenblumenkerne • 1 fein geriebener Apfel • 6 EL grobe Haferflocken 1 Prise Delifruit*

Zubereitung

1 Joghurt, saure Sahne und Honig gut miteinander verrühren. getrocknete Bananen in kleine Stücke schneiden und anschließend etwa 20 Minuten lang in der Joghurt-Sahne-Honig-Mischung quellen lassen.

2 In der Zwischenzeit die Sonnenblumenkerne ohne Fett in einer Pfanne kurz anrösten und gut abkühlen lassen – erst dann in das Müsli einrühren.

3 Apfel und Haferflocken mit Delifruit verrühren, Joghurt-Sahne-Mischung darüber geben und mit Sonnenblumenkernen bestreuen.

Bananen

Sie sind reich an leicht verdaulichen Kohlenhydraten, haben einen hohen Pektingehalt, jede Menge Ballaststoffe und sind dadurch besonders darmfreundlich. Durch ihren relativ hohen Anteil an Eiweiß und Mineralstoffen, wie z. B. Kalium und Magnesium, haben sie einen sehr guten Sättigungswert und wirken sich positiv auf die Gesundheit aus.

Verwendung und Küchentipps

Trockenbananen eignen sich als Zwischenmahlzeit, denn sie liefern Energie in kompakter Form. Doch Vorsicht: Sie enthalten relativ viele Kalorien.
Natürlich lassen sich mit ihnen Nachspeisen, Fruchtcremes, Obstsalate und Müslis auf gesunde Art verfeinern. Durch die hohe Zuckerkonzentration eignen sie sich auch sehr gut zum Süßen von Desserts. Eine Besonderheit auf dem »Naschmarkt« stellen Bananenchips dar. Die Scheiben werden in Kokosöl gebacken und in ein Gemisch aus Rohrzucker und Honigwasser getaucht. Die knusprigen Bananenchips zeichnen sich durch ihren besonders fruchtigen und aromatischen Geschmack aus. Die Zugabe von Honig rundet den Bananengeschmack harmonisch ab. Auch Bananenchips sind eine köstliche Zutat für das morgendliche Müsli. Durch den hohen Sättigungswert sind sie außerdem gut für Ausdauersportler geeignet.
Bananen sollten – wie alle anderen Trockenfrüchte auch – gut verpackt im Kühlschrank aufbewahrt werden.

Ein Müsli mit Bananenchips bietet aufgrund seines hohen Nährwerts einen idealen Start in den Tag.

Bananenmus

Zutaten *(für 6 Portionen): 200 g getrocknete Bananen • 1/2 l Wasser Saft von 1 unbehandelten Zitrone • 1/2 Tasse Milch • 250 g Quark 1 TL Zimt • 150 g Sahne*

Zubereitung
1 Getrocknete Bananen in Wasser ca. 2 Stunden einweichen.
2 Mit Zitronensaft und Milch pürieren. Quark und Zimt zugeben. Zum Schluss die geschlagene Sahne unterziehen.

Bananenkonfekt

Zutaten *(für ca. 25 Kugeln): 200 g getrocknete Bananen • 100 g Feigen (Softfrüchte) • 50 g gehackte Haselnüsse • 3 EL Zitronensaft*

Zubereitung
1 Bananen und Feigen mit dem Pürierstab oder Fleischwolf zerkleinern. Mit Haselnüssen und Zitronensaft vermischen und aus der Masse kleine Kugeln formen.
2 Zum Aufbewahren in Papierkonfektförmchen geben.

Bananenauflauf

Zutaten *(für 4 Portionen): 100 g getrocknete Bananen • etwas Wasser 3 Eier • 250 g Quark • 2 Päckchen Vanillezucker • 4 EL Hirseflocken 2 EL grob gehackte Haselnüsse*

Zubereitung
1 Bananen in Wasser ca. 2 Stunden lang einweichen.
2 Eier trennen. Quark mit Eigelb, Vanillezucker und Hirseflocken verrühren. Eiweiß steif schlagen und unterziehen. Eingeweichte Bananen ausdrücken und in kleine Würfel schneiden. Zusammen mit den Haselnüssen ebenfalls unter die Quarkmasse heben.
3 Auflauf im vorgeheizten Backofen bei 200 °C 35 Minuten backen.

Birnen

Aussehen und Herkunft

Birnen sind die Früchte des Birnbaums (Pyrus communis) und zählen zum Kernobst.

Der nur mäßig hohe Birnbaum ist im April mit seiner weißen Blütenpracht bedeckt. Die Staubbeutel sind oft rot gefärbt, und der unterständige Fruchtknoten entwickelt sich zu einer Sammelbalgfrucht mit der charakteristischen Birnengestalt.

Die meisten Kulturbirnen stammen aus Asien. Hauptexportländer für *getrocknete Birnen* sind Kalifornien, Argentinien und Südafrika. Inzwischen werden getrocknete Birnen vermehrt auch in Deutschland angeboten. Die Sorte »Williams Christ« ergibt eine sehr aromatische Trockenfrucht, »Conference«, »Alexander-Lukas«, »Gute Luise« und »Vereinsdechant« zeichnen sich durch ihren hohen Zuckergehalt und ihr feinrunzeliges, goldgelbes Fruchtfleisch aus. Geerntet werden die Früchte, wenn die Stärke in Zucker umgewandelt ist. Zur Trocknung kommen ausschließlich genussreife feste Früchte. Die Ernte erfolgt von Hand, anschließend werden die Früchte gewaschen und entstielt bzw. halbiert. Die Früchte werden in der Schale in einem Heißluftofen schonend auf eine Restfeuchte von 18 Prozent heruntergetrocknet.

Einheimische Birnen wurden früher mit Schale und Stiel getrocknet (so genannte »Hutzeln«). Die Hutzeln hatten ein dunkles, welkes Aussehen und einen kräftigen, aromatischen Geschmack.

Empfehlenswerte Qualitäten

Sehr gut sind die getrockneten, halben, ungeschwefelten Früchte, die ohne Sorbinsäure hergestellt wurden. Die Birnen für dieses Reformhaus-Qualitätsprodukt werden aus reifen Früchten geschnitten und schonend getrocknet. Ihr Geschmack ist besonders süß und aromatisch.

Außerdem ist der geringe Säuregehalt hervorzuheben, der die Birnen auch für die Gesundheit besonders wertvoll macht. Sie besitzen einen hohen Gehalt an Zucker und Mineralstoffen, vor allem an Kalium. Der Verzehr von Birnen wirkt wasserausscheidend.

Verwendung und Küchentipps

Genießen Sie getrocknete Birnen als gesunden Snack, in Müslis, Desserts, Gebäck und als Kompott. Bekannt und beliebt in vielen Gegenden ist auch das so genannte Hutzelbrot.

Birnen-Zwieback-Auflauf

Zutaten *(für 8 Portionen):* 250 g getrocknete Birnen • Wasser • 4 Eier
*100 g Reformhausmargarine • 1/2 TL Naturvanille • 80 g Vollzucker
oder Ursüße • Saft von 1 unbehandelten Zitrone • 250 g Sahnequark
250 g Magerquark • 1 Prise Meersalz • 150 g Vollkornzwieback*

Zubereitung
1 Birnen in Wasser einweichen, gut ausdrücken, klein schneiden.
2 Eier trennen und Eigelbe mit Margarine, Vanille, Zucker und
Zitronensaft verrühren. Den Quark zu der Masse geben. Eiweiß
mit 1 Prise Salz steif schlagen, unterheben. Zwieback zerbröseln.
3 1/3 der Quarkmasse in eine ausgefettete Auflaufform geben.
Darauf die Hälfte der Birnenstücke verteilen. 1/3 der Zwiebackbrösel über die Birnen streuen. Mit dem zweiten Drittel der Quarkmasse bedecken und die restlichen Birnen darauf verteilen; wieder mit Zwiebackbröseln bestreuen. Die restliche Quarkmasse
darauf geben, danach wieder Zwiebackbrösel. Im vorgeheizten
Backofen bei 175 °C (Gas Stufe 1–2) 50 Minuten backen.

Birnentörtchen

Zutaten *(für 12 Papierbackförmchen):* 100 g getrocknete Birnen • Wasser • 1 unbehandelte Zitrone • 120 g Butter oder Reformhausmargarine
125 g Vollzucker • 1 Prise Meersalz • 4 Eier • 150 g Weizenmehl (Type
1050) oder ausgesiebtes Vollkornmehl • 1 TL Weinsteinbackpulver*

Zubereitung
1 Birnen in Wasser einweichen, ausdrücken und klein schneiden.
2 Zitrone waschen, trocknen, Schale abreiben, Saft auspressen.
3 Butter oder Margarine mit 100 Gramm Zucker und Salz cremig
rühren, Eier, Zitronenschale und -saft nach und nach zugeben.
4 Mehl und Backpulver einrühren. Gut vermischen. Backförmchen
auf ein Backblech setzen. Je 1 Esslöffel Teig hineinfüllen, dann einige Birnenstückchen darauf geben. Im vorgeheizten Backofen bei
200 °C (Gas Stufe 3–4) ca. 20 Minuten backen.

Datteln

Aussehen und Herkunft

Datteln sind die Früchte der ca. 25 Meter hohen Dattelpalme. Erst nach acht bis zehn Jahren beginnt sie, Früchte zu tragen; nach ca. 30 Jahren erbringt sie schließlich Höchsterträge.

Die etwa fünf Zentimeter langen und fingerdicken Früchte haben eine glänzende, dunkelbraune bis honiggelbe Haut. Im Inneren befindet sich ein länglicher, harter Samen mit tiefer Längsfurche. Die *Trockendattel* ist pflaumengroß, länglich oval, rötlich braun und schmeckt zuckersüß.

Als Frischfrüchte haben Datteln nur geringe Bedeutung. Man unterscheidet weiche, halbtrockene und trockene Sorten. Für den Export kommen vornehmlich halbtrockene Datteln infrage. »Deglet Nour« ist die inzwischen weltweit wichtigste Exportsorte. Diese Sorte, deren Name Finger des Lichts bedeutet, hat ihren Ursprung in Algerien. Sie gilt als halbtrockene Spitzensorte und wird im Handel Muskatdattel genannt. Die Frucht ist groß, hat einen ausgezeichneten Geschmack und lässt sich lange lagern. Ihr Fruchtfleisch ist bernsteingelb und durchscheinend, so dass sich der Kern deutlich abhebt.

»Khadrawy«, »Zahidi« und »Halawi« sind die Dattelsorten des Irak, werden aber auch in anderen Ländern angebaut. »Sayer«, auch »Siar« genannt, eine halbtrockene Sorte, schmeckt wunderbar aromatisch, hat jedoch eine sehr dunkle Farbe, was weniger erwünscht ist.

Die Dattelpalme

Als eine der ältesten Kulturpflanzen und wichtigster Oasenbaum Afrikas sowie Südwestasiens stammt die Palme wahrscheinlich aus dem mediterranen Gebiet um den Persischen Golf. Sie gedeiht bei ausreichend Wasser und Temperaturen von durchschnittlich 30 °C.

Die Nutzung und Inkulturnahme der Dattelpame soll in Indien bereits 8000 Jahre und in Ägypten und Babylonien 4000 Jahre zurückliegen. Hauptanbaugebiete heute sind Saudi-Arabien, Ägypten, Irak und Iran, Algerien, Pakistan und Sudan, aber auch Israel, Kalifornien und Tunesien. Datteln benötigen etwa fünf bis sechs Monate bis zur Reife. Nach der Ernte werden sie gewaschen, mit Wasserdampf behandelt und getrocknet. Konventionell bearbeitete Datteln werden gegen Ungeziefer begast und mit Heißluft behandelt, damit der Fruchtzucker austritt und die Ober-

Dattel-Quark-Creme mit Zimt

Zutaten *(für 4 Portionen): 125 g Datteln • 250 g Quark (20 % F. i. T.)*
4 EL Milch • 150 g Sahne • 2 TL Zimt • 1 EL Honig oder Ahornsirup

Zubereitung
1 Datteln entsteinen und klein schneiden.
2 Quark mit Milch verrühren, Sahne steif schlagen und zusammen
mit den Datteln unterheben. Mit Zimt und Honig oder Ahornsirup
abschmecken und gut gekühlt servieren.

Dattelgebäck

Zutaten *(für ca. 40 Stück): 250 g Datteln • 50 g Butter oder ungehärtete*
Pflanzenmargarine • 2 Eier • 2 EL Honig • 100 g mittelfeine, leicht an-
geröstete Haferflocken • 50 g gehackte Haselnüsse • 50 g gemahlene
Haselnüsse

Zubereitung
1 Datteln entkernen und im Mixer zerkleinern. Mit Fett, Eiern und
Honig schaumig rühren. Haferflocken und Nüsse unterheben.
2 Kleine Häufchen auf ein Backblech geben und bei 150 bis 175 °C
(Gas Stufe 1–2) ca. 30 Minuten backen.

Dattelkonfekt

Zutaten *(für ca. 20 Stück): 125 g Marzipanrohmasse • 50 g Pista-*
zien • 1 EL Honig • abgeriebene Schale von 1 unbehandelten Zitrone
250 g Datteln • 2 EL Kakao- oder Schokoladenpulver

Zubereitung
1 Marzipanrohmasse kurz erwärmen (nicht kochen) und mit klein
geschnittenen Pistazien, Honig und Zitronenschale vermengen.
2 Datteln einschneiden, entkernen und mit der Marzipanmasse
füllen. Die Datteln in Kakao- oder Schokoladenpulver wenden.

fläche glänzt. Um die Haltbarkeit zu gewährleisten, erhalten viele Datteln einen dünnen Überzug aus Glukosesirup. Diese Behandlung muss jedoch auf der Verpackung angegeben sein.
Angeboten werden ganze Früchte mit oder ohne Stein und Rispendatteln, die noch an Zweigen hängen.

Empfehlenswerte Qualitäten

Am besten schmecken Naturdatteln, wie z. B. die Sorte »Deglet Nour« aus Tunesien, und entsteinte, lose geschüttelte Datteln aus dem Iran.
Etwas ganz Besonderes ist die Medjooldattel, die alle anderen Sorten beinahe in den Schatten stellt. Die dicken, saftigen Früchte haben eine herrliche, butterartige Konsistenz und ein unvergleichliches Aroma. Die süße Medjooldattel wurde aus Marokko in die USA eingeführt und in Kalifornien, nahe der mexikanischen Grenze, angebaut. Bevor dort Staudämme gebaut wurden, haben häufige Überschwemmungen den Erdboden angereichert, was in Verbindung mit organischen Düngemitteln und dem außergewöhnlichen Klima ideale Bedingungen für diese königliche Frucht schaffte. Die Erntezeit beträgt oft mehrere Wochen, da die Medjooldattel erst dann geerntet wird, wenn sie vollkommen reif ist, die Früchte jedoch nicht alle zum gleichen Zeitpunkt diesen Reifegrad erreicht haben. Dies garantiert den vollen, honigsüßen Geschmack. Die voll ausgereiften Früchte werden nach der Ernte mit Wasser gereinigt und mit Hilfe eines weichen Baumwollstoffs schonend getrocknet, sortiert und in Kisten verpackt. Medjooldatteln aus dem Reformhaus wachsen im besten Dattelanbaugebiet Südkaliforniens, dem Bard Valley. Sie enthalten keine Konservierungsstoffe oder andere chemische Zusätze.
Auch für die Gesundheit sind Datteln zu empfehlen; sie begünstigen eine gute Verdauung und enthalten zudem Kalium, Phospor und Magnesium.

Verwendung und Küchentipps

Datteln sind eine köstliche Zutat in Obstsalaten, Müslis, Gebäck und Winterdesserts. Zusammen mit Rosinen, Feigen und Pflaumen sind sie ein nicht wegzudenkender Bestandteil von Früchtebrot.
Die Medjooldatteln eignen sich sehr gut zum Füllen, z. B. mit pikantem Frischkäse.
Die Lagerung von getrockneten Datteln sollte kühl, trocken und luftig sein.

Dattelchutney

Zutaten *(für ca. 10 Portionen): 500 g Datteln • 400 ml Rotweinessig 30 g getrocknete Peperoni • 2 Knoblauchzehen • 1 kleine frische Ingwerwurzel • 150 g Vollzucker • Meersalz*

Zubereitung

1 Datteln entkernen und fein hacken, mit Essig bedecken.

2 Peperoni zerreiben, Knoblauch abziehen und zerdrücken, Ingwer sehr fein zerkleinern.

3 Restlichen Essig mit Zucker zu einem Sirup kochen. Datteln zugeben und alles 30 bis 40 Minuten lang zu einer dickflüssigen Masse einkochen. Mit Salz abschmecken und abkühlen lassen.

Tipp Das Chutney passt sehr gut zu den unterschiedlichsten Reisgerichten und ist außerdem eine raffinierte Beilage zu panierten und gebratenen Tofugerichten.

Winterlicher Obstsalat

Zutaten *(für 4 Portionen): 4 mittelgroße Äpfel • Saft von 1 Zitrone 100 g Datteln • 50 g Walnusskerne • etwas Nelkenpulver • etwas Zimt 1 TL Ahornsirup • 1 EL Rum • 4 EL Sahne • 1 Dattel zum Verzieren des Obstsalats*

Zubereitung

1 Die Äpfel gut waschen, das Kerngehäuse entfernen und das Fruchtfleisch in Stifte oder Scheiben schneiden. Anschließend mit Zitronensaft beträufeln.

2 Die Datteln entsteinen und anschließend ebenfalls in feine Streifen schneiden.

3 Die Walnusskerne grob hacken und alles vorsichtig miteinander vermischen. Mit Nelken, Zimt und Ahornsirup und eventuell mit etwas Rum abschmecken.

4 Die Sahne steif schlagen. Den Obstsalat auf 4 flachen Tellern anrichten und zum Schluss mit der steif geschlagenen Sahne und der Dattel garnieren.

Esskastanien und Maronen

Aussehen und Herkunft

Sehr häufig werden *Esskastanien* und *Maronen* – beide werden auch als Edelkastanien bezeichnet – miteinander verwechselt. Tatsächlich gibt es jedoch einen Unterschied. Esskastanien sind kleiner als Maronen. Ihre Form ist rundlich und einseitig abgeflacht. Ihr Scheitel ist spitz und ihr Auge groß und oval. Die Schale ist meist dunkel, das Fleisch tief eingekerbt und von der Haut schwer trennbar. Esskastanien fallen Ende September bis Ende Oktober vom Baum und sind nicht lange haltbar. Maronen reifen zur gleichen Zeit, halten sich aber länger als die Kastanien. Sie sind eiförmig und haben einen flachen Scheitel. Ihre helle Schale zeigt ein kleines, fast rechteckiges Auge. Das Fleisch ist wenig eingekerbt und von der Haut leicht ablösbar. Maronen sind aromatischer und schmackhafter als Kastanien. Die Edelkastanien verdanken ihren Namen der pontischen Stadt Kastanis und haben ihren Ursprung im Schwarzmeergebiet. Sie sind heute in Nordamerika, in Europa und im Fernen Osten verbreitet.

Empfehlenswerte Qualitäten

Sehr hochwertig sind große, gut ausgereifte Früchte, die außerdem auf Aflatoxine (Pilzgifte) untersucht wurden.
Edelkastanien enthalten wenig Fett und sind daher auch relativ kalorienarm.
Der hohe Stärkegehalt verleiht den Kastanien einen mehligen Geschmack. Durch Kochen, Rösten oder andere Zubereitungsarten werden sie jedoch leicht süßlich, weich und schmackhaft.

Verwendung und Küchentipps

Zunächst werden die braunen, festen Schalen der Edelkastanien mit dem Messer eingeritzt und im Backofen bei 220 °C 15 Minuten lang gebacken. Danach wird die äußere und innere Schale entfernt. Dann können die Kastanien gekocht oder zu Mehl gemahlen werden.
Edelkastanien passen hervorragend zu Pilzgerichten und Gänsebraten sowie als Beigabe zu Bleichsellerie oder Grünkohl.
Für Süßspeisen werden die Edelkastanien püriert, mit Honig, Zucker und verschiedenen Aromen abgeschmeckt und mit Sahne serviert.
Brote aus Kastanienmehl sind eine gute Alternative für all diejenigen, die auf Weizenmehl allergisch reagieren.

Pikante Maronenbuchteln

Zutaten *(für 6–8 Portionen): 250 g geschälte Maronen (vakuumverpackt) • 150 g Sahne • 150 ml Milch • 1 Prise Meersalz • Pfeffer 1 Päckchen Trockenhefe • 150 g Mehl • 2 EL Honig • 2 Eier • 60 g zerlassene Butter • Fett für die Form • 1 Eigelb zum Bestreichen*

Zubereitung

1 Maronen in der Sahne und der Milch ca. 40 Minuten weich kochen. Mit dem Kartoffelstampfer grob zerstampfen, mit dem Pürierstab pürieren, salzen, pfeffern und auskühlen lassen.

2 Hefe mit Mehl vermischen; das Maronenpüree mit Honig, Eiern und Butter zu einem geschmeidigen Teig verkneten. Zugedeckt ca. 30 Minuten gehen lassen. Nochmals durchkneten und eine lange Rolle formen.

3 Diese in ca. 8 bis 10 Stücke schneiden, Kugeln formen und dicht nebeneinander in eine ausgefettete Form legen. Nochmals 20 Minuten gehen lassen und mit verquirltem Eigelb bestreichen. Im gut vorgeheizten Backofen bei 200 °C (Gas Stufe 2–3) ca. 40 Minuten backen.

Maronen-Zwiebel-Gemüse mit Äpfeln

Zutaten *(für 6–8 Portionen): 250 g Zwiebeln • 40 g Butter oder Margarine • 500 g gekochte Maronen (vakuumverpackt) • etwas Gemüsebrühe aus Extrakt • 4–6 EL Weißwein • 2 säuerliche Äpfel • Salz • Pfeffer aus der Mühle • 2 TL getrockneter Majoran*

Zubereitung

1 Zwiebeln abziehen, halbieren, in Scheiben schneiden und in Butter oder Margarine glasig dünsten. Die Maronen zugeben, kurz anbraten und dann mit Brühe und Wein auffüllen, zugedeckt 15 bis 20 Minuten garen.

2 Die Äpfel schälen, vierteln, Kerngehäuse herausschneiden. Apfelviertel in Spalten schneiden und zu den Maronen geben. 5 Minuten schmoren. Anschließend mit Salz, Pfeffer und Majoran würzen.

Feigen

Aussehen und Herkunft

Feigen sind die süßen Früchte des Feigenbaums oder -strauchs (Ficus carica). Nur die weiblichen Bäume können Früchte tragen. Die männlichen sind jedoch zur Befruchtung notwendig, da eine bestimmte Wespenart ihre Eier nur in die Blütenbecher der männlichen Bäume legt und sich dabei mit Pollen belädt, mit denen sie schließlich die weiblichen Blüten bestäubt. Erst nach sieben Jahren tragen die Bäume die ersten Früchte; die höchsten Erträge haben dabei Bäume, deren Alter zwischen ca. 30 und 40 Jahren liegt.

Die frischen, birnenförmigen Feigen, die im August reif sind, haben eine Länge von drei bis acht Zentimeter und ein Gewicht von 30 bis 80 Gramm. Die Farbe der Schale variiert je nach Sorte von dunkelviolett bis grüngelb. Das Fruchtfleisch ist hellrosa bis dunkelrot mit kleinen eingelagerten Samenkernen.

Als *Trockenfeigen* werden bevorzugt die grüngelben bis goldgelben Früchte verwendet. Nach dem Trocknen sind sie von außen hellbraun, das Fruchtmark ist bernsteinfarben. In Deutschland werden Feigen hauptsächlich getrocknet verzehrt.

Schon seit Jahrtausenden bekannt, wussten bereits die alten Griechen um die Vorzüge der Feigen und bauten die Bäume und Sträucher an. Die Feige war schon in alten Zeiten ein Symbol für Fruchtbarkeit und Wohlbefinden; sie wird auch als königliche Frucht bezeichnet.

Feigen aus Izmir

Der Feigenbaum gedeiht im ganzen Mittelmeerraum, aber auch in Kalifornien und anderen Gebieten, in denen ein ähnlich warmes Klima herrscht. Heutzutage kommen die besten Feigen aus der Türkei. Besonders die Smyrnafeigen werden weltweit gehandelt. Sie eignen sich sowohl zur Trocknung als auch zum frischen Verzehr. Die bedeutendsten Sorten der Smyrnafeigen sind »Sari Lob«, »Lob injir« sowie die in Kalifornien angebaute »Calimyrna«.

Die Kalamatafeige mit grüngelbem Fleisch und derber Schale ist eine griechische Trockenfeige. Sie ist kleiner, dickhäutiger und weniger süß als die Smyrnafeige. Zur Ernte bleiben die Feigen so lange an den Bäumen hängen, bis sie voll ausgereift sind und von selbst abfallen. Vier bis acht Tage trocknen die Früchte in der Sonne bis zu einem Feuchtigkeitsgehalt von ca. 30 Prozent.

Rucolasalat mit Feigendressing

Zutaten *(für 4 Portionen): 3 getrocknete Smyrnabergfeigen (Reformhaus) 100 ml Wasser • 100 g Crème fraîche • 100 g saure Sahne • 1 EL grüne Pfefferkörner • Kräutersalz • Weinessig • 150 g Rucolasalat • 1 Bund Radieschen • 100 g Champignons • Kresse*

Zubereitung

1 Feigen 1 Stunde lang in Wasser einweichen. Anschließend gut abtropfen lassen, mit Crème fraîche und saurer Sahne pürieren.
2 Pfefferkörner dazugeben und mit Kräutersalz und Essig abschmecken. 30 Minuten ziehen lassen.
3 Rucola, Radieschen und Champignons waschen, zerkleinern und auf 4 Tellern anrichten. Mit dem Feigendressing übergießen und mit Kresse bestreuen.

Weizencurry mit Feigen

Zutaten *(für 4 Portionen): 125 g Weizenkörner • 1 1/2 l Wasser Meersalz • 1 Bund Lauchzwiebeln • 1 rote Paprikaschote • 500 g Zucchini 200 g Champignons • 40 g Butter • 1–2 EL Curry • 1/2 l Gemüsebrühe • 150 g Crème fraîche • 150 g getrocknete Leridafeigen (aus dem Reformhaus)*

Zubereitung

1 Weizenkörner über Nacht in kaltem Wasser einweichen.
2 Am nächsten Tag dem Wasser etwas Meersalz zugeben und alles ca.1 Stunde lang weich kochen. Abgießen und gut abtropfen lassen.
3 Gemüse und Pilze waschen, putzen und klein schneiden.
4 Fett in einer großen, tiefen Pfanne erhitzen und das Gemüse etwa 5 Minuten darin andünsten. Nach Geschmack salzen, mit Curry bestäuben und anschließend mit Gemüsebrühe ablöschen.
5 Weizen, Crème fraîche und klein geschnittene Feigen zufügen. Bei mittlerer Hitze in der offenen Pfanne schmoren, bis die Sauce cremig wird.

Danach werden sie in warmem Salzwasser gewaschen und zum Schutz vor Insektenbefall meist mit Methylbromid begast.

Empfehlenswerte Qualitäten

Am schmackhaftesten sind getrocknete Feigen aus der Türkei. Die Reformhausfrüchte reifen im Westen des Landes bei idealen Klimabedingungen an den Berghängen der großen Flusstäler. Sonne, Wind, Boden und eine gezielte Sortenauswahl sorgen für besonders dünnschalige und damit zarte und süße Früchte. Sorgfältige Ernte, Waschen unter fließendem frischem Wasser, Trocknung, Verarbeitung, Sortierung und Verpackung im Land und ständige Kontrolle in Deutschland sichern eine gute Qualität. Die Biofeigen werden nach den Richtlinien der EG-Bioverordnung für Drittländer angebaut. Dies bedeutet: keine Spritzmittel und keine anorganischen Dünger. Um etwaige Schädlinge abzutöten, werden die Feigen bei Anlieferung im Packbetrieb schockgefrostet.
Besonders empfehlenswert sind die Smyrnabergfeigen. Sie werden vollreif vom Baum gepflückt und in einer speziellen solarbetriebenen Tunneltrocknungsanlage getrocknet. Hier werden die Früchte bereits auf 20 Prozent Restfeuchte getrocknet. Besonders wichtig ist, dass die Feigen auf ihren Gehalt an Aflatoxinen (Schimmelpilzgiften) überprüft werden. Dies geschieht mit Hilfe einer – gesundheitsunbedenklichen – UV-Bestrahlung. Getrocknete Feigen sind köstliche Früchte mit einem hohen Gesundheitswert. Sie enthalten neben reichlich fruchteigenem Zucker auch ausgesprochen viele Ballaststoffe und Mineralien. Besonders hervorzuheben ist der hohe Gehalt an Magnesium, Kalzium, Eisen und Vitamin B.

Verwendung und Küchentipps

Getrocknete Feigen verfeinern Brote, Brötchen, Obstsalate, Müslis und Kekse; sie schmecken aber auch süß-pikant in Vorspeisen, Hauptgerichten und Desserts. Werden sie vor der Verarbeitung einige Zeit in Wasser eingeweicht, entfaltet sich ihr feines Aroma besonders gut.
Die Verzuckerung der getrockneten Feigen im Frühjahr und Sommer des Nacherntejahrs ist ein natürlicher Prozess, mit dem sich die Feige einen eigenen »Schutzmantel« gegen allzu raschen Verderb zulegt. Die Zuckerkristalle bilden einen weißlich-gräulichen Belag, der nicht mit Schimmelbefall verwechselt werden darf.

Feigen-Orangen-Parfait

Zutaten *(für 6 Portionen): 100 g getrocknete Feigen • 150 ml Orangensaft • 2 EL Orangenlikör • 4 Eigelbe • 1 Prise Vanille • 1 Prise Nelkenpulver • 1 EL Honig • abgeriebene Schale von 1 unbehandelten Orange 300 g Sahne • 1 Messerspitze Biobin • 1 EL Pistazien*

Zubereitung

1 Feigen in kleine Stücke schneiden, mit Orangensaft und Orangenlikör beträufeln. Ca. 2 Stunden quellen lassen. Dann pürieren.
2 Eigelbe mit Vanille, Nelkenpulver, Honig und Orangenschale cremig rühren. Feigenpüree zugeben.
3 Sahne mit Biobin steif schlagen, vorsichtig mit der Feigenmasse mischen. Im Gefrierfach ca. 2 Stunden anfrieren.
4 Nach dem Anfrieren die Masse mit dem elektrischen Handrührer durchrühren und in eine flache Schale füllen. Weitere 3 Stunden ins Gefrierfach stellen. Mit Pistazien bestreut servieren.

Feigenkuchen

Zutaten *(für 12 Stücke): 250 g getrocknete Feigen • 200 g Walnusskerne 6 Eier • 100 g Honig • 2 EL Weizenmehl (Type 1050) • 1 TL Zimt abgeriebene Schale von 1 Zitrone • 2 EL Zitronensaft • 1 Prise Meersalz Fett, Semmelbrösel für die Form • dunkle Kuvertüre (zum Bestreichen)*

Zubereitung

1 Feigen in feine Würfel schneiden. Walnüsse ohne Fett kurz anrösten. Fein mahlen.
2 Eier trennen und Eigelbe mit Honig schaumig rühren. Walnüsse, Mehl, Zimt, Zitronenschale und Zitronensaft zugeben.
3 Eiweiß mit Salz steif schlagen und mit den Feigen vorsichtig unter den Teig heben.
4 Eine gefettete Springform mit Semmelbröseln ausstreuen. Den Teig hineinfüllen und im vorgeheizten Backofen bei 180 °C etwa 45 Minuten backen. Kuchen abkühlen lassen. Kuvertüre im Wasserbad erwärmen und den Kuchen damit bestreichen.

Ingwer

Aussehen und Herkunft

Ingwer gehört zur Familie der Ingwergewächse (Zingiberaceae). Er ist im tropischen Asien heimisch. Die Pflanze wird etwa einen Meter hoch und bildet einen dicken Wurzelstock aus. Dieser hat charakteristische fingerförmige Fortsätze. Ingwer blüht gelb; die Blüte ähnelt der Schwertlilie. Die Ingwerknolle führt zwei Prinzipien in sich: die aromatische Komponente mit dem ätherischen Öl und den Hauptwirkstoffen Zingiberol, Zingiberen und Zitral, und die nichtflüchtigen Schadstoffe wie Gingerole, Shogaole und das Zingeron. Ingwer riecht aromatisch, mit einem Hauch von Zitrone, und schmeckt würzig und scharf. Die volle pikante Würzkraft lernt man vorwiegend beim frischen Ingwer kennen.

Ingwer, auch Gingerschnaps- oder Immerwurz genannt, ist auf den Pazifischen Inseln beheimatet. Von dort hat er sich über viele tropische Länder ausgebreitet. Sehr interessant ist *kandierter Ingwer*. Die Verarbeitung beginnt damit, dass frischer Ingwer geschnitten und gekocht wird. Bei diesem Vorgang wird er braun, die Fasern werden weich, und so kann der Zucker in das Gewebe eindringen. Ingwer verliert während dieses Vorgangs an Schärfe und bekommt sein typisches, süß-herbes Ingweraroma. Aus der getrockneten Wurzel wird Pulver hergestellt, das als Gewürz gehandelt wird. Dieses Gewürz sollte aber sehr sparsam verwendet werden, da die mit Ingwer zubereiteten Speisen sonst leicht bitter schmecken.

Die Gesundheitswirkungen von Ingwer sind sehr vielfältig. Er wirkt verdauungsaktivierend, weil er die Magenschleim- und Magensäuresekretion ebenso anregt wie die Speichelabsonderung. Er regt die Darmmuskulatur und damit die Darmtätigkeit an. So benutzt man ihn auch als blähungstreibendes Mittel. Aufgrund seiner Scharfstoffe wirkt er schweißtreibend und allgemein anregend.

Neueren Untersuchungen zufolge ist Ingwer besonders wirksam gegen Übelkeit und Erbrechen und wird außerdem gegen Reisekrankheit empfohlen. Ideal dafür sind kandierte Ingwerstückchen aus dem Reformhaus, die gut im Reisegepäck mitzuführen sind.

Empfehlenswerte Qualitäten

Sehr köstlich sind Ingwer-»Goldstücke« von den Fidschi-Inseln. Dort reifen die Knollen in gutem Klima und werden noch im Si-

Ingwerkuchen

Zutaten *(für ca. 16 Stücke): Für die Füllung: 100 g kandierter Ingwer*
50 g fein gehacktes Orangeat • 100 g Marzipanrohmasse • 3 EL Oran-
genmarmelade • 5 EL Orangensaft
Für den Teig: 100 g Linden-Akazien-Honig • 150 g Ursüße oder Voll-
zucker • 80 g Butter • 3 Eier • abgeriebene Schale von 1 unbehandel-
ten Orange • 1 EL Kakaopulver • 200 g Vollkornmehl • 1 TL Zimt
1 TL Nelken • 1 Päckchen Weinsteinbackpulver • 100 g gehackte
Haselnusskerne • 100 g Orangenkonfitüre • 250 g dunkle Kuvertüre

Zubereitung
1 Für die Füllung alle Zutaten gut miteinander verkneten.
2 Honig, Zucker und Butter so lange erhitzen, bis der Zucker ge-
schmolzen ist. Abkühlen lassen. Eier, Orangenschale, Kakaopulver,
Mehl, Gewürze, Backpulver und Haselnüsse unterrühren.
3 Die Hälfte des Teigs in eine gefettete Springform geben. Darauf
die Füllung verteilen und wieder mit Teig bedecken. Im vorgeheizten Backofen bei 180 °C (Gas Stufe 2–3) ca. 40 Minuten backen.
4 Konfitüre mit etwas Wasser aufkochen und den Kuchen damit
bestreichen. Nach dem Abkühlen mit Kuvertüre überziehen.

Quittenkompott mit Ingwer

Zutaten *(für 10 Portionen): 2 kg Quitten • 1/8 l leichter Weißwein*
1/8 l heller Traubensaft • 250 g Vollzucker oder Ursüße • 1 Zimtstange
abgeriebene Schale von 1 unbehandelten Zitrone • 2 EL Quittengelee
(aus dem Reformhaus) • 50 g klein geschnittener kandierter Ingwer

Zubereitung
1 Quitten schälen, vierteln, Kerngehäuse entfernen.
2 Weißwein und Traubensaft mit Zucker, Zimtstange und Zitronenschale mischen und Quittenviertel darin aufkochen; bei geringer
Hitze ca. 20 bis 30 Minuten schmoren. Früchte in ein Sieb geben,
den Saft einkochen. Mit Quittengelee abschmecken, Ingwer zugeben, alles über die Früchte geben und gut durchziehen lassen.

rup liegend nach Europa transportiert. Erst hier lässt man die Stücke abtropfen. So erhält man besonders klaren und saftigen Ingwer von bester Qualität. Konventionelle Ware lässt man meist nach dem Kandieren noch im Ursprungsland abtropfen und zuckert ihn sofort. Er wird dadurch fester und weniger klar. Kandiert wird er in Würfeln und Scheiben angeboten. Schokolierte Ware wird nach dem Kandieren mit einem Schokomantel umhüllt und in Stäbchenform angeboten.

Verwendung und Küchentipps

Ingwer, ob frisch oder kandiert, passt vorzüglich in die asiatische Küche und hat dort eine lange Tradition. Doch auch im von der indischen Küche beeinflussten England wird er sehr geschätzt. Frische Ingwerwurzel passt zu Reis- und Fleischgerichten ebenso wie zu süß-pikanten Zubereitungen wie z. B. Chutneys, eingelegten Kürbissen, Gurken und natürlich zu Obstsalaten und Kompotten. Kandierter Ingwer ist aus vielen Backrezepten nicht wegzudenken.

Englisches Ingwergebäck ist dabei weltweit eine Spezialität, und auch in unseren Rezepten taucht Ingwer immer häufiger auf. Ob Parfaits, Sahnedesserts, feine Quarkspeisen oder Obstkuchen, Gewürzkuchen oder Weihnachtsgebäck – mit der feinen Knolle bekommen sie alle eine eigene, unverwechselbare und exotische Note. Dennoch sollte man niemals zu viel davon verwenden.

Der aus Asien stammende Ingwer erlebt nicht nur als Gewürz, sondern auch als kandierte Frucht eine Renaissance.

Blumenkohl mit Ingwer

Zutaten *(für 4 Portionen): 1 kleiner Blumenkohl • Saft von 1 Zitrone 150 g saure Sahne • 1 TL Honig • Meersalz • 2 EL grob gehackte Haselnüsse • 50 g sehr fein geschnittener kandierter Ingwer*

Zubereitung
1 Blumenkohl vom Strunk befreien und grob raspeln.
2 Mit Zitronensaft beträufeln und mit saurer Sahne, Honig und Meersalz mischen. Gehackte Haselnüsse und Ingwer zugeben und kurze Zeit durchziehen lassen.

Apfelsalat mit Ingwer

Zutaten *(für 4 Portionen): 4 mittelgroße Äpfel • Saft von 1–2 Zitronen 2 EL Ahornsirup • 2 EL Weinbeeren, in etwas Wasser eingeweicht 50 g kandierter Ingwer • 1 EL Cointreau*

Zubereitung
1 Die Äpfel gut waschen, achteln und in Blättchen schneiden. Mit Zitronensaft beträufeln und mit Ahornsirup süßen.
2 Die Weinbeeren ausdrücken und zusammen mit dem klein geschnittenen Ingwer unter die Äpfel mischen. Etwas durchziehen lassen, eventuell mit Cointreau beträufeln.

Ingwercremedessert

Zutaten *(für 4 Portionen): 50 g Quark (40 % F.i.T.) • 100 g Sahne 1–2 EL Honig • 1 Messerspitze echte Vanille • 50 g fein geschnittener kandierter Ingwer • frische Minzblätter*

Zubereitung
1 Quark mit leicht geschlagener Sahne verrühren.
2 Mit Honig und Vanille abschmecken und den Ingwer unterziehen. Mit Minzblättern garnieren.

Orangeat und Zitronatsukkade

Aussehen und Herkunft

Das Ausgangsprodukt für die Herstellung von *Orangeat* ist die Pomeranze (Citrus aurantium), die bei uns auch unter dem Namen Bitterorange oder Sevilla-Orange bekannt ist. Die Wildform der Pomeranze stammt von den südlichen Hängen des Himalaja und wird heute u. a. auch im Mittelmeerraum angebaut. Ihre runden, dunkelorangefarbenen kleinen Früchte weisen eine sehr dicke Schale auf. Man nutzt diese Früchte zur Herstellung von Orangenmarmelade und als Grundstoff des in der Parfümindustrie benutzten Neroliöls, das aus ihren Blüten gewonnen wird. Die innere Fruchtwand wird kandiert als Orangeat gehandelt.

Ausgangsprodukt für die Herstellung von *Zitronatsukkade* ist die dickschalige Zitronatzitrone (Citrus medica), auch Zedratzitrone genannt, die ca. 25 Zentimeter lang und bis zu zwei Kilogramm schwer wird.

Die Zitronatzitrone stammt vermutlich aus Nordindien und ist ein immergrüner Strauch oder kleiner Baum aus der Familie der Rautengewächse.

Manuskripte aus Ägypten belegen, dass die Zitronatzitronen bereits um ca. 300 v. Chr. gezüchtet wurden.

Heute werden sie hauptsächlich auf Korsika, Sizilien und in Griechenland angebaut. Die Früchte sind in Gestalt und Farbe der Zitrone ähnlich, unterscheiden sich jedoch durch die sehr dicke, runzlige Fruchtschale. Diese wird kandiert und zu Zitronat verarbeitet. Außerdem wird aus ihr das duftende Zitronen- oder Zedratöl gewonnen, das ebenfalls für die Parfümindustrie von großer Bedeutung ist.

Genießbar durch Fermentation

Beide Früchte sind in rohem Zustand durch ihre dicke Schale bzw. das bittere Fruchtfleisch nicht genießbar. Nach der Ernte werden die ganzen Früchte in eine Salzlake gegeben, wo sie über einen Zeitraum von sechs Wochen fermentieren. Fruchteigene Enzyme spalten dabei die Zellstrukturen auf. Anschließend werden die Früchte halbiert und das Fruchtfleisch entfernt. Übrig bleiben die halben Schalen, die in Salzlake eingelegt in die Kandierfabrik kommen.

Hier werden die Halbschalen gründlich gespült, um sie vom Salz zu reinigen. Dann werden sie zum weiteren Zellaufschluss

Süßkartoffelsuppe

Zutaten *(für 4 Portionen): 500 g Süßkartoffeln (Batate) • 300 g Möhren • 1 kleine Lauchstange • 30 g Reformhausmargarine • 1 l Gemüsebrühe aus Extrakt • Meersalz • Muskatblüte • Saft von 1/2 Zitrone 100 g Sahne • 30 g Pinienkerne • 50 g Zitronatsukkade*

Zubereitung
1 Süßkartoffeln und Möhren schälen, Lauch gut waschen, klein schneiden und alles in Margarine andünsten. Gemüsebrühe angießen und ca. 20 Minuten kochen. Pürieren und mit Meersalz, Muskatblüte und Zitronensaft abschmecken.
2 Sahne steif schlagen und vorsichtig mit der Suppe vermischen.
3 Pinienkerne ohne Fett leicht anrösten, Zitronatsukkade sehr klein schneiden und beides über die angerichtete Suppe geben.
Tipp Dazu passt Vollkorntoast oder auch selbst gebackenes Fladenbrot.

Dattel-Orangen-Soufflé

Zutaten *(für 4 Portionen): 2 unbehandelte Orangen • 30 g Orangeat 100 g große Datteln (Medjool) • 2–3 Eier • 350 g Quark (20 % F.i.T.) 3 EL Ahornsirup • 2 TL Pfeilwurzelmehl (aus dem Reformhaus) 40 g geriebene Mandeln*

Zubereitung
1 Orangenschale abreiben. Orangen mit einem scharfen Messer filetieren. Überall die weiße Haut entfernen.
2 Orangeat sehr klein schneiden. Datteln vierteln, die Kerne entfernen. Eier trennen und Eigelbe mit Quark, Ahornsirup, Pfeilwurzelmehl, geriebenen Mandeln und Orangenschale verrühren.
3 Eiweiß zu Eischnee steif schlagen und vorsichtig unterheben. Die Soufflémasse in eine gefettete Tarteform füllen, Orangen und Datteln darauf verteilen. Im vorgeheizten Backofen bei 160 bis 180 °C (Gas Stufe 2–3) ca. 45 Minuten backen. Sofort servieren, da das Soufflé sehr schnell zusammenfällt.

gekocht und wieder gespült. Anschließend erfolgt die Kandierung. Dazu werden die Halbschalen in eine heiße Zuckerlösung gegeben. Die Konzentration der Lösung steigt durch das Verdampfen des Wassers unter Vakuum ständig an. Der Zucker zieht in die aufgeschlossenen Zellen ein, bis eine Konzentration von etwa 70 Prozent Zucker erreicht ist. Bei den Halbschalen dauert dies drei bis vier Wochen. Nach dem Kandieren lässt man die überflüssige Zuckerlösung von den Fruchtschalen ablaufen, und sie werden als Halbschalenfrüchte oder gewürfelt verpackt. Konventionell wird statt Salzwasser auch schweflige Säure verwendet.

Billigimporte von Orangeat und Zitronatsukkade zeigen starke Unterschiede in der Kandierung und im Aroma. Zum Teil wird die weniger aromatische Schale der Süßorange als Bitterorange angeboten. Weiterhin wird versucht, die Fermentations- und Kandierungszeit zu verkürzen. Durch die unvollständige Kandierung können die Früchte aber sehr leicht schimmlig werden.

Empfehlenswerte Qualitäten

Sukkadehalbschalen und Orangeathalbschalen aus Italien sind qualitativ wertvoll; sie haben einen traditionsreichen Ursprung und kommen aus den besten Provenienzen. Hier ist sichergestellt, dass nur aromareiche Früchte verwendet werden. Sie werden fachgerecht und gründlich kandiert.

Da die zur Verfügung stehenden Erntemengen der Früchte dieser Herkunft begrenzt sind, sind sie sehr wertvoll, und der Preis ist daher relativ hoch.

Die italienischen Orangeat- und Zitronathalbschalen zeichnen sich im Gegensatz zu Billigimporten durch einen Zuckergehalt von mindestens 72 Prozent aus, haben eine feste, jedoch nicht harte Konsistenz, eine schöne Farbe und den charakteristischen süßen bis aromatisch-würzigen Fruchtgeschmack.

Verwendung und Küchentipps

Von alters her sind Orangeat und Zitronat aus der Weihnachtsbäckerei bekannt und aus dieser nicht wegzudenken. Seit Generationen werden sie in unterschiedlichen Kuchen und Plätzchen verwendet und verleihen Stollen, Lebkuchen, Früchtebrot und Florentinern ihr typisches Aroma. Sie eignen sich aber auch wunderbar zum Dekorieren.

Auf Korsika stellt man aus Zitronatzitronen den landestypischen Likör »Cedratine« her.

Marzipan-Orangen-Kuchen

Zutaten *(für ca. 20 Stücke): 125 g gehackte Mandeln • 250 g Butter oder ungehärtete Pflanzenmargarine • 200 g Vollzucker oder Ursüße 2 Päckchen Vanillezucker • abgeriebene Schale von 2 unbehandelten Orangen • 250 g zimmerwarme Marzipanrohmasse • 1 Prise Meersalz 5 Eier • 1 Päckchen Weinsteinbackpulver • 400 g Weizenmehl (Type 1050) • 100 g klein geschnittenes Orangeat • Fett für die Form 4 EL Orangenmarmelade oder Puderzucker*

Zubereitung
1 Mandeln ohne Fett kurz anrösten und abkühlen lassen.
2 Fett, Zucker, Vanillezucker, Orangenschale, zerbröckelte Marzipanrohmasse und Salz mit dem elektrischen Handrührer cremig rühren. Eier nach und nach einrühren.
3 Backpulver mit Mehl mischen und zusammen mit Mandeln und Orangeat zur Crememasse geben. Alles gut verrühren und in eine gefettete große Gugelhupfform füllen (nur bis zur Hälfte einfüllen, sonst läuft der Teig über). Im vorgeheizten Backofen bei 175 bis 190 °C (Gas Stufe 2–3) ca. 50 Minuten backen. Mit Orangenmarmelade bestreichen oder mit Puderzucker bestreuen.

Schlemmermüsli

Zutaten *(für 2 Portionen): 4 EL kernige Vollkornflocken • 2 EL Weinbeeren • 2 Becher Sanoghurt (à 150 g) • 1 Apfel • 1/2 Banane • 20 g Zitronatsukkade • Saft von 1/2 Zitrone • 1 Prise Naturvanille • 1 EL Honig, Ahornsirup oder Vollzucker • 1 EL leicht angeröstete Sonnenblumenkerne*

Zubereitung
1 Vollkornflocken und Weinbeeren mit Sanoghurt verrühren. Ca. 10 Minuten quellen lassen.
2 Apfel grob reiben, Banane und Zitronatsukkade klein schneiden, mit Zitronensaft beträufeln und zu Flocken und Weinbeeren geben.
3 Mit Vanille und Honig, Ahornsirup oder Vollzucker abschmecken. Mit Sonnenblumenkernen bestreuen.

Pfirsiche

Aussehen und Herkunft

Pfirsiche sind die Früchte des Pfirsichbaums und zählen zum Steinobst. Der Baum erreicht eine durchschnittliche Höhe von fünf bis sieben Meter. Schon im März bedecken die rosafarbenen, einzeln stehenden Blüten die Pflanze mit einem herrlichen Kleid. Die Fruchtknoten wachsen zu mitunter apfelgroßen, samtig behaarten, saftigen süßen Steinfrüchten mit gelben und roten Flecken heran.

Um *Trockenpfirsiche* herzustellen, eignet sich die Sorte »Freestone« am besten. Dabei handelt es sich um besonders hell- (Muir) und gelbfleischige Früchte (so genannte Yellows). Auch die Sorte »Elberta« eignet sich für die Verarbeitung zu Trockenpfirsichen; ihre Qualität ist jedoch weniger hoch.

Der wärmeliebende Pfirsichbaum wurde schon in frühester Zeit in China angebaut. Er kam über Persien nach Europa und ist heute vor allem in den Mittelmeerländern und in den USA zahlreich vertreten. Hauptexportländer für getrocknete Pfirsiche sind Kalifornien, Australien, Südafrika und Argentinien. In der Zeit von Ende Juli bis Mitte September werden die Früchte gepflückt. Anschließend werden die Pfirsiche, um sie haltbarer zu machen, zunächst geschwefelt und dann in ca. fünf bis sieben Tagen in der Sonne getrocknet. Um das Schwefeln zu vermeiden, müssen die Früchte länger getrocknet und sorgfältiger sortiert werden. Dies erfordert viel Handarbeit und macht die Früchte teuer.

Empfehlenswerte Qualitäten

Am besten sind ungeschwefelte Pfirsiche, die jedoch nur sehr selten im Angebot sind. Getrocknete Pfirsiche haben insgesamt eine geringere Marktbedeutung. Der Geschmack der Pfirsiche ist aromatisch süß und manchmal etwas herb.

Auf die Gesundheit wirken sich Pfirsiche ähnlich wie Aprikosen aus; sie fördern eine basenreiche Ernährung.

Verwendung und Küchentipps

Getrocknete Pfirsiche sollten vor der Verwendung eine Stunde in Wasser eingeweicht, oder vor der Zubereitung in kleine Würfel geschnitten werden, so dass die Frucht in der fertigen Speise schneller weich wird. Getrocknete Pfirsiche eignen sich besonders als Dessert oder zum Backen; sie sind natürlich auch pur gegessen ein Genuss.

Hefeteigrolle mit getrockneten Pfirsichen

Zutaten *(für ca. 12–16 Stücke): Für den Teig: 450 g Weizenmehl 1 Päckchen Trockenhefe • 1/4 l Milch • 50 g Zucker • 1 Prise Meersalz • 50 g weiche ungehärtete Pflanzenmargarine • 1 Ei Für die Füllung: 250 g getrocknete Pfirsiche (mindestens 2 Stunden in Wasser eingeweicht) • 50 g Korinthen • 100 g Mandelstifte • 1/2 TL Nelkenpulver • 1 Ei • 5 EL Ahorncreme oder Haselnussmus*

Zubereitung

1 Mehl mit Hefe vermischen und gut mit den übrigen Zutaten verkneten. Den fertigen Teig an warmer Stelle ca. 30 bis 40 Minuten gehen lassen. Nochmals durchkneten und zu einem großen Quadrat auswellen. Erneut ca. 15 Minuten gehen lassen.
2 Eingeweichte und abgetropfte Pfirsiche klein schneiden, mit den Korinthen, Mandelstiften und Nelkenpulver mischen.
3 Ei trennen und den Teig mit Ahorncreme, die Ränder mit Eiweiß bestreichen. Darauf die Aprikosenmasse verteilen und langsam zusammenrollen. Die Rolle leicht biegen und auf ein gefettetes Backblech setzen. Mit Eigelb bestreichen und bei 200 °C (Gas Stufe 2–3) etwa 40 bis 50 Minuten backen.

Rhabarber-Pfirsich-Grütze

Zutaten *(für 6 Portionen): 100 g getrocknete Pfirsiche • 1/2 l Wasser 400 g Rhabarber • 120 g Sago • abgeriebene Schale von 1 Zitrone 1 Messerspitze Zimt • 1 Prise Nelkenpulver • 2 EL Honig • 100 g Sahne*

Zubereitung

1 Pfirsiche 30 Minuten in Wasser einweichen. Rhabarber schälen und in etwa 2 Zentimeter lange Stücke schneiden.
2 Wasser mit Pfirsichen, Sago und Zitronenschale zum Kochen bringen. Nach 15 Minuten Rhabarber zugeben und bei geringer Hitze kochen lassen, bis eine glasige Masse entsteht. Nach dem Abkühlen mit Gewürzen und Honig abschmecken. Die Grütze kühlen. Vor dem Servieren die flüssige Sahne darüber gießen.

Pflaumen

Aussehen und Herkunft

Pflaumen sind die Früchte des Pflaumenbaums (Prunus domestica) und zählen zum Steinobst. Sie wachsen auf sommergrünen, bis zu vier Meter hohen, dichtkronigen Bäumen.

Die Pflaumen kommen in vielen verschiedenen Sorten vor, die sich jedoch nur schwer voneinander unterscheiden lassen. Zu den Pflaumen im weiteren Sinn zählen auch Zwetschgen, Mirabellen und Reineclauden. Pflaumen und Zwetschgen gehen durch Kreuzung vielfach ineinander über.

Zur *Trockenpflaumenproduktion* eignen sich nur die Sorten, die nicht zur Fermentation neigen. Man unterscheidet zwischen den säuerlichen Eierpflaumen »Italian prunes« und den süßlichen Rundpflaumen »French prunes«. Beide Sorten haben bei der Vollreife eine dunkelviolette Haut, die sich gut vom Fruchtfleisch lösen lässt. Dies gilt auch für die in Kalifornien beheimatete »Santa Clara«.

Pflaumen stammen ursprünglich aus Persien und kamen über Kleinasien und Griechenland zu uns. Hauptanbaugebiete heute sind die USA (Kalifornien), Frankreich, das ehemalige Jugoslawien, Argentinien und Bulgarien. Die Erntezeit beginnt Mitte August und dauert bis Anfang Oktober. Der Reifegrad der frischen Frucht ist ausschlaggebend für die Qualität der getrockneten Pflaume. Um vollreife Früchte zu ernten, werden die Bäume geschüttelt, wobei nur wirklich reife Früchte vom Baum fallen. Die Pflaumen werden in Netzen aufgefangen und in großen Holzkisten sofort zur Weiterverarbeitung transportiert.

Die Früchte werden nun gewaschen, entsteint und auf großen Gittern oder im Trocknungstunnel durch Warmluft getrocknet. Sie werden dadurch haltbar gemacht und können so in kühlen, trockenen Räumen problemlos bis zum Abpacken gelagert werden. Die Trocknungszeit der Früchte dauert etwa 20 Stunden, bei ca. 75 °C.

Es ist allgemein üblich, dass getrocknete Pflaumen mit dem Konservierungsstoff Sorbinsäure behandelt und dadurch gegen den Verderb durch Mikroorganismen geschützt werden.

Empfehlenswerte Qualitäten

Trockenpflaumen aus dem Reformhaus sind garantiert ohne Konservierungsmittel sowie bestens sortiert und verarbeitet. Die weitaus besten auf dem Markt

Nussmeringen mit Trockenfruchtsalat

Zutaten *(für 6–8 Portionen): 150 g brauner Zucker • 3 Eiweiße • 1 Prise Meersalz • 1/2 TL Zitronensaft • 75 g gehackte Walnusskerne • 100 g getrocknete Apfelringe • 100 g getrocknete Pflaumen • 50 g Weinbeeren 100 ml Apfelsaft • 100 ml Wasser • 150 g saure Sahne • 1 Päckchen Vanillezucker*

Zubereitung

1 Backofen auf 150 °C (Gas Stufe 1) vorheizen, den Zucker auf Backpapier ca. 10 Minuten lang trocknen, dann im Mixer zerkleinern (Ofen ausschalten).

2 Eiweiß mit dem Meersalz zu Eischnee steif schlagen, den erkalteten Zucker, den Zitronensaft und die Walnusskerne langsam zugeben.

3 Alles in eine Spritztüte geben und ca. 12 längliche oder runde Meringen spritzen. Die Meringen im Backofen zuerst ca. 50 Minuten trocknen, dann ca. 10 Minuten bei 180 °C (Gas Stufe 2–3) leicht bräunen lassen. Die ersten 10 Minuten einen Kochlöffel zwischen die Backofentür klemmen, damit der Dampf abziehen kann.

4 Trockenfrüchte halbieren und in Apfelsaft und Wasser aufkochen. Ca. 15 Minuten ausquellen lassen. Saure Sahne mit Vanillezucker anrühren und zu den Meringen servieren.

Gefüllte Trockenpflaumen

Zutaten *(für 6 Vorspeisenportionen): 250 g Doppelrahmfrischkäse 1–2 EL Milch • 30 g Pistazien • schwarzer, frisch gemahlener Pfeffer 500 g Softpflaumen (siehe Seite 15)*

Zubereitung

1 Frischkäse mit Milch und den sehr fein gehackten Pistazien vermengen und mit reichlich Pfeffer abschmecken.

2 Die Pflaumensoftfrüchte etwas auseinander ziehen und mit der Masse füllen.

Tipp Zum Füllen ist eine ungezackte dünne Spritztülle ideal.

erhältlichen getrockneten Pflaumen kommen unter der Bezeichnung »Primeaux d'Agen« aus Frankreich.

Je reifer und größer die Trockenpflaumen sind, desto fruchtiger und intensiver ist ihr feiner Geschmack. Qualitativ hochwertige getrocknete Pflaumen sind weich und haben ein säuerliches, frisches Aroma. Eine besonders saftige Qualität haben auch Softfrüchte aus dem Reformhaus (siehe Seite 15).

Pflaumen sind von besonderem gesundheitlichem Wert durch bioaktive Substanzen wie z. B. Flavonoide, die vor Infektionen schützen und die Blutgerinnung beeinflussen. Außerdem enthalten sie Karotinoide, die vor schädlichen Oxidationen und Herzinfarkt schützen und das Immunsystem stärken. Trockenpflaumen regen die Verdauung an und sind auch als besonders sanftes Abführmittel geeignet. Fruchtsäuren, Pektine und zelluloseartige Ballaststoffe sind die Wirksubstanzen, die dabei aktiv werden. Pektine sind außerdem bekannt für ihre cholesterinsenkende Wirkung.

Natürliches Sorbit (nicht zu verwechseln mit Sorbinsäure) und große Mengen an Fruktose wirken sich günstig auf die Darmtätigkeit aus.

Beta-Karotin, Vitamin A und bestimmte Polyphenole mit antioxidierenden Eigenschaften schützen das Herz-Kreislauf-System und die Haut. Der Anteil an den Vitaminen B1, B2 und B6 liegt über dem Gehalt anderer Trockenfrüchte. Der hohe Kaliumgehalt der Pflaume trägt zu einer basenreichen Ernährung bei. Ihr Eisengehalt wirkt blutbildend.

Verwendung und Küchentipps

Nach einer längeren Lagerzeit können Pflaumen leicht auszuckern – es bildet sich ein heller Belag, der nicht mit Verderb oder Schimmelbefall verwechselt werden darf.

Pflaumen passen ausgezeichnet zu aromatischen Gewürzen. Zimt, Nelken, Kardamom, Muskat oder Vanille runden den fruchtigen Geschmack ab. Sie schmecken süß als Kompott oder Pflaumenmus, in Joghurt oder Müsli, mit Frischkäse oder in Suppen; man kann sie aber auch pikant, z. B. mit einem Lauchstreifen umwickelt und mit Käse überbacken, genießen.

Sinnvoll ist es, die Trockenfrüchte vor der Verwendung einige Stunden einzuweichen und dann weiterzuverarbeiten. Die Lagerung von Trockenpflaumen sollte kühl, trocken und luftig sein.

Pflaumen-Reis-Pudding

Zutaten *(für 4 Portionen): 1/2 l Milch • abgeriebene Schale von 1 unbehandelten Zitrone • 1/2 TL Vanille • 160 g Milchreis • 5 getrocknete Pflaumen • 2 EL Honig • 350 ml Aprikosennektar • 1 Messerspitze Biobin (Johannisbrotmehl)*

Zubereitung

1 Die Milch mit der abgeriebenen Zitronenschale und der Vanille zum Kochen bringen und den Milchreis darin etwa 30 Minuten lang ausquellen lassen.

2 Die getrockneten Pflaumen in kleine Stückchen schneiden und etwa 5 Minuten vor Ende der Garzeit zum Milchreis geben. Mit Honig abschmecken.

3 Aprikosennektar mit Biobin andicken und zum Reis servieren.

Pflaumenauflauf mit Leinsamenkruste

Zutaten *(für 4 Portionen): 4–5 trockene Grahambrötchen (ca. 250 g) ca. 1/2 l Milch (je nach Trockenheit der Brötchen) • 500 g entsteinte und getrocknete Pflaumen • 4 EL Vollzucker • 3 EL Weinbeeren • 4 EL grob gehackte Haselnüsse • 100 g Sahne (30 % F.i.T.) • 3 Eier • 1 TL Zimt 1 Päckchen Vanillezucker • 2 EL Butter • 4 EL Leinsamen*

Zubereitung

1 Die Brötchen in etwa 1 Zentimeter dicke Scheiben schneiden und in Milch einweichen. Nach ca. 15 Minuten leicht ausdrücken und abwechselnd mit den Pflaumen in eine ausgefettete Auflaufform geben. Mit Zucker bestreuen, Weinbeeren und Haselnüsse zugeben.

2 Sahne mit Eiern verquirlen, Zimt und Vanillezucker zugeben und über den Auflauf gießen. Butterflöckchen und Leinsamen darauf verteilen. Im vorgeheizten Backofen bei 200 °C (Gas Stufe 2–3) ca. 45 Minuten backen.

Tipp Dieses Rezept lässt sich auch gut aus altbackenem Kuchen herstellen.

Rosinen

Aussehen und Herkunft

Rosinen sind die getrockneten Früchte eines edlen Weinstocks, der zur Familie der Rebengewächse (Vitazeen) gehört.

Zur Herstellung von Rosinen werden vor allem die weichen Tafeltrauben verwendet, die besonders süß und zuckerhaltig sind. Trauben, die zur Weinherstellung dienen, sind ungeeignet. Als Rosinen werden alle Arten getrockneter Weintrauben bezeichnet, *Korinthen* ebenso wie *Sultaninen*, *Weinbeeren* oder *Traubenrosinen.*

Korinthen

Die schwarzen, kernlosen Beeren bestimmter griechischer Traubensorten sind zarthäutig und aromatisch. Sie werden in Anbaugebieten nahe der Stadt Korinth geerntet und im Schatten getrocknet.

Korinthen aus dem Reformhaus sind von ausgesuchter Qualität und süß und aromatisch im Geschmack. Sie sind ungeölt, ungeschwefelt und kommen aus ökologischem Anbau.

Sultaninen

Sultaninen oder Sultanas, auch als Rosinen im engeren Sinn bezeichnet, sind große, sehr aromatische Beeren mit dünner Schale, kernlos und goldgelb bis rötlich braun. Ihr Qualitätsgrad richtet sich nach Größe und Farbe der Früchte.

Hauptexportländer sind die Türkei, Griechenland, Persien, Australien und Russland. Die vollreifen hellen Trauben werden nach der Ernte in eine Lotion aus Öl und Pottasche eingetaucht. Dadurch werden sie beim Trocknen hell. Durch das Aufrauen ihrer Oberfläche trocknen sie schneller als andere Rosinen. Danach werden sie gewaschen, von Hand entstielt und in modernen Betrieben zusätzlich von Laserscannern sortiert.

Weinbeeren

Die kalifornischen gelbbraunen Weinbeeren mit purpurblauem Schimmer sind länglich oval, kernlos und haben einen außergewöhnlich guten Geschmack. Ca. 90 Prozent der gesamten kalifornischen Ernte sind »Thompson Seedless«. Sie haben ihren Namen von ihrem Züchter W. Thompson.

Sobald der Zuckergehalt dieser speziellen Trauben ca. 20 Prozent erreicht hat, werden sie geerntet. Die Weintrauben werden dann zwischen den Reben auf bestimmten Vorrichtungen ausgebreitet. Je nach Intensität der

Quark-Apfel-Auflauf mit Sultaninen

Zutaten *(für 4 Portionen): 2 mittelgroße Äpfel • Saft von 1/2 Zitrone 2–3 Eier • 250 g Quark • 3–4 EL Sahne • 2 EL Vollzucker • 4 EL Sultaninen • Fett für die Form • 3 EL grob gehackte Pistazien*

Zubereitung

1 Äpfel waschen und in feine Scheiben schneiden. Mit Zitronensaft beträufeln.

2 Eier trennen. Quark mit Sahne, Zucker und Eigelben cremig rühren. Eiweiß zu Eischnee steif schlagen und unterziehen. Äpfel und Sultaninen zugeben.

3 Eine feuerfeste Form ausfetten und den Teig einfüllen. Pistazien auf der Teigoberfläche verteilen. Den Auflauf im vorgeheizten Backofen bei 200 °C (Gas Stufe 2–3) ca. 30 bis 40 Minuten goldgelb backen.

Weinbeeren-Bananen-Muffins

Zutaten *(für 16 Muffins): 100 g getrocknete kalifornische Weinbeeren Saft von 1/2 Orange • 2 Bananen • 150 g Sauerrahm • 1 Prise Meersalz 130 g Rohrzucker • 1 Prise Vanillezucker • abgeriebene Schale von 1 unbehandelten Orange • 80 g Butter oder ungehärtete Pflanzenmargarine 3 Eier • 175 g Weizenvollkornmehl • 1 Prise Weinsteinbackpulver*

Zubereitung

1 Weinbeeren in Orangensaft einweichen.

2 Bananen klein schneiden und mit Sauerrahm, Meersalz, der Hälfte des Rohrzuckers, Vanillezucker und abgeriebener Orangenschale pürieren.

3 Butter oder Margarine mit dem restlichen Zucker und Eiern schaumig rühren. Mehl und Backpulver zugeben. Alles miteinander verrühren.

4 In Muffin- oder Papierförmchen füllen und auf der mittleren Schiene im vorgeheizten Backofen bei 180 °C (Gas Stufe 2–3) ca. 20 Minuten lang backen.

Sonnenbestrahlung bleiben sie zwei bis vier Wochen liegen und werden lediglich regelmäßig gewendet, um ein gleichmäßiges Trocknen aller Früchte zu erreichen. Aus etwa 3,5 Kilogramm Trauben werden ca. 500 Gramm Weinbeeren.

Die Früchte werden nach der Ernte sorgfältig gewaschen, getrocknet und anschließend verpackt. Oft werden getrocknete Weinbeeren mit schwefliger Säure behandelt, um eine Verfärbung zu vermeiden und die Haltbarkeit zu erhöhen. Die zulässige Menge schwefelhaltiger Säuren ist in der Zusatzstoff-Zulassungsverordnung vorgeschrieben und muss deklariert werden.

Traubenrosinen

Traubenrosinen sind große fleischige Beeren, die noch an der Traube hängen. Gelegentlich kommen sie aber auch als Einzelbeere in den Handel. Sie enthalten kleine Kerne.

Die Hauptexportländer der Traubenbeeren sind Spanien mit der Sorte »Muscat d'Alexanderie«, Kalifornien mit »Muscat« und Griechenland und die Türkei mit »Rozaki«. Insgesamt geht der Handel mit Traubenrosinen jedoch zurück, da vor allem die Weinbeeren sehr an Attraktivität gewonnen haben.

Empfehlenswerte Qualitäten

Rosinen, die die Bezeichnung »naturell« tragen, können Sie bedenkenlos kaufen. Produkte aus dem Reformhaus sind ungeschwefelt und ungeölt. Sie stammen oft aus ökologischem Anbau und entsprechen der EG-Bioverordnung.

Rosinen enthalten leicht bekömmliche Kohlenhydrate und haben von allen Trockenfrüchten den höchsten Eiweißanteil. Sie enthalten sehr viel Kalium, Eisen, Magnesium und Kupfer sowie Kalzium, Phosphor, Zink und Vitamin C – ideal also für eine gesunde Ernährung.

Verwendung und Küchentipps

Rosinen sind ein gesunder Snack und eine köstliche Zutat in »Studentenfutter« sowie in vielen Nuss-Frucht-Mischungen und natürlich in Müslis, Desserts und Backwaren.

Sie passen jedoch auch hervorragend in pikante Saucen, Füllungen, Pasteten und sogar in Frikadellen; sie verfeinern Salate, Aufläufe und Reisgerichte auf besondere Weise.

Vor ihrer Weiterverarbeitung werden sie oft in Wasser, Saft oder Alkohol eingeweicht. Aufbewahrt werden sollten sie in einem luftdicht verschlossenen Behälter.

Früchteküchlein mit Korinthen

Zutaten *(für 36 Stück): 50 g Trockenfeigen • 125 g Korinthen • 5 EL Rum oder Orangensaft • 175 g Butter oder ungehärtete Pflanzenmargarine 100 g Vollzucker • 1 Päckchen Vanillezucker • 3 Eier • 1 TL Zimt • 1 Prise Kardamom • 125 g Weizenvollkornmehl • 1 Päckchen Vanillepuddingpulver • 1 Päckchen Weinsteinbackpulver • 100 g Mandelstifte • 100 g gemahlene Haselnüsse • Milch zum Bestreichen • 18 Datteln*

Zubereitung

1 Feigen klein schneiden, zusammen mit Korinthen in Rum oder Orangensaft einweichen.

2 Fett, Zucker und Vanillezucker cremig rühren, Eier und Gewürze zugeben.

3 Mehl, Puddingpulver und Backpulver mischen und zusammen mit den Mandelstiften und Haselnüssen unter die Creme rühren.

4 Je 1 Esslöffel Teig in kleine Backpapierförmchen füllen und im vorgeheizten Backofen bei 175 °C (Gas Stufe 2) ca. 20 Minuten backen. Kurz vor Backende die Oberfläche vorsichtig mit Milch bestreichen. Datteln halbieren und die Küchlein gut damit belegen.

Couscous-Tofu-Pfanne

Zutaten *(für 4 Portionen): 200 g geräucherter Tofu • 2 mittelgroße Zwiebeln • 1 rote Paprikaschote • 30 g kaltgepresstes Pflanzenöl 250 g Couscous • 1/2 l Gemüsebrühe aus Extrakt • 1 TL Currypulver Meersalz • 1 EL grobkörniger Senf • 50 g Rosinen • 150 g Crème fraîche 1 Banane • 50 g Bruch von Cashewkernen*

Zubereitung

1 Tofu, Zwiebeln und Paprika würfeln und in heißem Öl anbraten.

2 Couscous zugeben und mit kochender Gemüsebrühe angießen. 5 Minuten garen, dann 5 Minuten ausquellen lassen. Mit Currypulver, Meersalz und Senf abschmecken. Rosinen einweichen.

3 Crème fraîche, gewürfelte Banane und Rosinen unterrühren. Mit angerösteten Cashewkernen bestreuen.

Kapstachel-beeren

Aussehen und Herkunft

Kapstachelbeeren (Physalis peruviana) wachsen an einer krautigen, bis zu zwei Meter hohen Pflanze; sie ist ein- bis mehrjährig, trägt blassgelbe Blüten und gehört zu den Nachtschattengewächsen. Die Frucht hat die Form und Größe einer Kirsche, besitzt eine sattgelbe Farbe und ist von einem gelblichen bis hellbraunen, eingetrockneten Kelch umschlossen.

Die in Südamerika heimische und dort auch kultivierte Pflanze wurde zu Beginn des 19. Jahrhunderts am Kap der Guten Hoffnung eingeführt, von dem sie auch ihren Namen hat. Für den Export wird die Kapstachelbeere außer in Südafrika auch in Kolumbien und Kenia angebaut. Ein neues schonendes Trocknungsverfahren macht es möglich, auch *getrocknete Kapstachelbeeren* auf den Markt zu bringen. Bei diesem Verfahren gelingt es, nahezu alle wertvollen Inhaltsstoffe sowie das milde süßsaure Aroma zu bewahren. Zur Verarbeitung kommen dabei ausschließlich voll ausgereifte, gesunde, gewaschene und verlesene Früchte.

Empfehlenswerte Qualitäten

Getrocknete Kapstachelbeeren enthalten keine Konservierungs- und Zusatzstoffe; sie werden jedoch relativ selten angeboten. Getrocknete Ware liefert zur Zeit fast ausschließlich Kolumbien. Der Geschmack ist erfrischend und erinnert an eine Mischung von reifen Ananas und Papayas.

Verwendung und Küchentipps

Getrocknete Kapstachelbeeren sind vitaminreiche, gesunde Snacks. Sie sind essfertig und müssen vor der Weiterverarbeitung nicht eingeweicht werden. Sie passen hervorragend zu Fruchtsalaten, Müslis, Joghurt, Konfitüren und Desserts.

Kiwis

Aussehen und Herkunft

Kiwis sind die essbaren Früchte einer südostasiatischen Kletterpflanze, die »Chinesische Stachelbeere« genannt wird. Es handelt sich um eine Schlingpflanze mit herzförmigen Blättern. Die Blüten sind drei bis fünf Zentimeter groß und cremig weiß. Die Frucht ist klein und oval; ihre Haut ist bräunlich grün, die Oberfläche rau. Das Fruchtfleisch ist grün, wobei kleine dunkelviolette Samen einen weißen Kern umgeben.

Ihre Urheimat liegt in den bewaldeten Schluchten Zentralasiens. Die Samen gelangten 1906 von China nach Neuseeland, wo heute durch Züchtung hauptsächlich die Sorten mit größeren Früchten kultiviert werden. Hauptanbaugebiete sind außer Neuseeland Japan, Chile, die USA, Italien, Griechenland, Südfrankreich und Spanien.

Empfehlenswerte Qualitäten

Getrocknete, »naturbelassene« *Kiwis*, d. h. Früchte ohne Konservierungsmittel und künstliche Farbstoffe, sind leider nur sehr selten erhältlich.

Verwendung und Küchentipps

Der Geschmack getrockneter Kiwis ist fruchtig frisch und etwas säuerlich.
Die Trockenfrüchte sind Bestandteil vieler Müslis, Müsliriegel, Snacks, Chutneys, Konfitüren, Konfektsorten und Eiscremes. Legt man sie vorher in Fruchtsaft ein, sind sie köstlich in Obstsalaten und Mixgetränken.

Mangos

Aussehen und Herkunft

Mangos sind Steinfrüchte eines gigantischen 10 bis 30 Meter hohen, immergrünen Baums. An langen Stielen hängen die je nach Typ und Sorte in Größe und Farbe sehr unterschiedlichen Früchte.

Heimat der Mango ist Ostasien (Indien, die Philippinen sowie Südchina). In Indien wurden Mangos schon vor 4000 Jahren an den Ufern des Ganges kultiviert. Über den ostasiatischen Raum hinaus finden wir den Anbau von Mangos auch in Südafrika, Israel, Florida, Zentralamerika und im tropischen Südamerika.

Mangos sind in erster Linie Früchte für den Frischverzehr, werden jedoch auch vermehrt als Trockenfrüchte angeboten.

Empfehlenswerte Qualitäten

Sehr gut sind Früchte aus biologischem Anbau aus Afrika und Thailand. Sie werden im Ursprungsland unter optimalen Bedingungen getrocknet und kommen ungeschwefelt auf den Markt. Die dünnen, ledrigen Streifen aus *getrockneten Mangos* können vor Gebrauch eingeweicht werden. Danach sind sie im Geschmack frischen Mangos verblüffend ähnlich.

Verwendung und Küchentipps

Ein Vorteil getrockneter Mangos ist, dass sie im Gegensatz zu frischen Früchten ihr Aroma beim Garen weitgehend bewahren.

Auch Chutneys und Marmeladen lassen sich aus eingeweichten, getrockneten Mangos zubereiten. Sie eignen sich darüber hinaus für exotische Fruchtsalate, als Müslizugabe und in süß-pikanten Gerichten, vor allem mit Reis.

Papayas

Aussehen und Herkunft

Die Papayas sehen wie Melonen aus, wachsen aber auf bis zu zehn Meter hohen Bäumen und gehören zur botanischen Familie der Feigen. Die bis zu einem Kilogramm schweren Früchte haben eine ovale Form mit gelbgrüner Schale. In ihrem rötlich- bis orangefarbenen Fruchtfleisch befinden sich in einer Geleemasse pfefferkornartige, schwarze Kerne, die nicht essbar sind.
Die Papayas sind reif, wenn die Frucht auf Fingerdruck nachgibt und wenn die Schale gelblich wird.
Die Papaya ist vermutlich in Mittelamerika beheimatet. Die Spanier und Portugiesen verbreiteten sie auf der ganzen Welt. Heute werden Papayas mit vielen Sorten weltweit in den Tropen und Subtropen kultiviert. Die Hauptanbaugebiete sind Brasilien, Florida, Hawaii und auch Costa Rica.

Die frisch geernteten Papayas werden geschält und entkernt. Das Fruchtfleisch wird in Streifen geschnitten und getrocknet.

Empfehlenswerte Qualitäten

Hochwertig sind *getrocknete Papayastücke* aus dem Reformhaus; sie kommen aus den besten thailändischen Anbaugebieten, werden aus reifen Papayas geschnitten, sind ungeschwefelt und enthalten keine Sorbinsäure. Der süße und aromatische Papayageschmack erinnert an eine Mischung aus Aprikosen, Melonen und Himbeeren.

Verwendung und Küchentipps

Papayastücke sind ein gesunder Knabberspaß für den kleinen Hunger zwischendurch. Auch als köstliche Zutat für Müslis, Desserts und exotische Reis- und Gemüsegerichte entfalten sie ihr typisches fruchtiges Aroma.

Sauerkirschen

Aussehen und Herkunft

Sauerkirschen sind die Früchte eines bis zu drei Meter hohen Baums und gehören zum Steinobst; die mittelständigen Fruchtknoten der Sauerkirschen, die sich am Grund der Blütenachse befinden, reifen zu runden Steinfrüchten.

Ihr Name entwickelte sich von »Cerasa« über »Kirasa« und »Kirsa« zum heutigen »Kirsche«. Hauptexportländer sind Ungarn, die Türkei und Kalifornien.
Die Früchte werden maschinell oder von Hand vom Baum geschüttelt. Für die Trocknung, die in Band- oder Hordentrocknern erfolgt, werden 80 Prozent der Kirschen verwendet. Die geernteten Kirschen werden gewaschen, entstielt und entkernt.

Empfehlenswerte Qualitäten

Für die neuform-Qualitätsprodukte werden nur Sauerkirschen verwendet, die saftig und vollreif in den ausgedehnten Kirschplantagen Ungarns geerntet und schonend getrocknet werden. Sie haben ein frisches Aroma.

Verwendung und Küchentipps

Getrocknete Sauerkirschen sind sehr kostbar und schmecken am besten pur. Sie passen aber auch zu Müslis, Desserts, als Beigabe zu Konfitüren, Dessertsaucen, Obstsalaten, Fruchtkaltschalen und Backwaren.

Süßkirschen

Aussehen und Herkunft

Süßkirschen (Prunus avium) sind die Früchte der ursprünglich wilden Vogelkirsche, die wir zuweilen in unseren Wäldern finden und die früher wohl in ganz Europa verbreitet war.
Für Wild- und Kulturkirschen gilt gleichermaßen, dass sie im April und Mai mit unzähligen langgestielten, weißen Blüten bedeckt sind, die doldenartig aus den Achseln von Niederblättern an Kurztrieben mit zwei bis drei Laubblättern hervorgehen.
Süßkirschen reifen früher als Sauerkirschen und kommen in Farben von dunkel- über hellrot bis gelb vor. Im Gegensatz zur Herzkirsche mit dem sehr weichen, leicht verderblichen Fruchtfleisch besitzen die Knorpelkirschen festes Fleisch. Die Ernte und Trocknung erfolgt wie bei Sauerkirschen. Hauptlieferanten sind auch hier Ungarn, die Türkei und Kalifornien.

Empfehlenswerte Qualitäten

Die schonend *getrockneten Süßkirschen* für das neuform-Qualitätsprodukt werden vollreif in den ausgedehnten Kirschplantagen Kaliforniens geerntet. Sie haben ein feines Aroma, und ihr Säuregehalt ist halb so groß wie der der Sauerkirschen.

Verwendung und Küchentipps

Die Verwendung der Süßkirsche in der Küche ist mit der der Sauerkirsche vergleichbar.

Mangogrütze

Zutaten *(für 4 Portionen): 100 g getrocknete Mango • 1/2 l Wasser 1/2 l Pfirsichnektar • abgeriebene Schale und Saft von 1 unbehandelten Zitrone • 100 g Tapiokasago (Reformhaus) • 100 g Vollzucker • 1 Prise Delifruit • 1 Prise Naturvanille • 2 EL Mandelstifte • 125 g Sahne*

Zubereitung

1 Mango in Streifen schneiden, ca. 1 Stunde lang in Wasser einweichen und danach abtropfen lassen.

2 Wasser, Pfirsichnektar, Zitronenschale und -saft zum Kochen bringen. Tapiokasago einstreuen und bei geringer Hitze ca. 25 Minuten garen. Kurz vor Ende der Garzeit die Mangostreifen zugeben. Mit Zucker, Delifruit und Vanille abschmecken. In 4 Portionsschalen füllen und kühl stellen.

3 Mandelstifte ohne Fett in einer Pfanne kurz anrösten, Sahne steif schlagen. Die Grütze mit Sahne und Mandeln garnieren.

Früchtebrot exotic

Zutaten *(für ca. 12 Stücke): 4 Eier • 75 g Vollzucker • 1 Prise Meersalz 1 Päckchen Vanillezucker • 200 g Vollkornmehl • 100 g saure Sahne 200 g getrocknete Feigen • 100 g getrocknete Mango • 100 g getrocknete Ananas • 100 g getrocknete Papaya • 200 g Paranüsse*

Zubereitung

1 Eier, Zucker, Salz und Vanillezucker cremig rühren, bis die Masse hellgelb ist. Anschließend Mehl und saure Sahne gut unterrühren.

2 Feigen, Mango, Ananas und Papaya würfeln, Paranüsse grob hacken und zu dem Teig geben. Ca. 20 Minuten quellen lassen, dann in eine gefettete Kastenform (Durchmesser ca. 28 Zentimeter) füllen. Im vorgeheizten Backofen bei 180 °C (Gas Stufe 2–3) ca. 60 Minuten lang backen.

Tipp In Folie verpackt, hält sich das Früchtebrot etwa 2 bis 3 Wochen lang.

Exotenmüsli

Zutaten *(für 2 Portionen): 6 getrocknete Papayastreifen • Wasser*
2 Becher Joghurt à 150 g • 1 EL Honig • 1 Prise Vanille • 1/2 Banane
1 EL gehackte Pekannüsse • 1 EL Sahne • 4 EL Hirseflocken

Zubereitung
1 Papaya am Abend vorher in Wasser einweichen.
2 Joghurt mit Honig, Vanille und zerdrückter Banane glatt rühren.
3 Papaya klein schneiden, Nüsse in der Pfanne ohne Fett rösten.
4 Sahne steif schlagen und zusammen mit den Hirseflocken unter die Joghurtmischung ziehen.

Kirschkuchen

Zutaten *(für 12 Stücke): 100 g getrocknete Sauerkirschen • Wasser*
100 g dunkle Schokolade • 75 g Butter oder ungehärtete Margarine
80 g Vollzucker • 3 Eier • 75 g geriebene Haselnüsse • 75 g geriebene
Mandeln • 60 g Weizenmehl (Type 1050) • 1/2 TL Weinsteinbackpulver
1 Prise Meersalz • 150 g Sahne • 2 Päckchen echter Vanillezucker

Zubereitung
1 Sauerkirschen ca. 1 Stunde lang in wenig Wasser einweichen, anschließend leicht ausdrücken.
2 Schokolade im Wasserbad schmelzen. Butter oder Margarine (etwas Fett für die Form zurücklassen) mit Zucker schaumig rühren.
3 Eier trennen, Eigelbe mit Schokolade zur Butterschaummasse geben und alles gut verrühren. Haselnüsse, Mandeln, Mehl, Backpulver und Kirschen darunter mischen.
4 Eiweiß mit Salz zu Eischnee steif schlagen und vorsichtig unter den Teig heben. In eine ausgefettete Pudding- oder kleine Gugelhupfform füllen und im vorgeheizten Backofen bei 180 °C (Gas Stufe 2–3) ca. 40 bis 45 Minuten backen.
5 Sahne leicht schlagen, mit Vanillezucker süßen und zum Kuchen reichen.

Cashewnüsse

Aussehen und Herkunft

Cashewnüsse sind die nierenförmigen, relativ weichen Steinfrüchte des Cashewbaums, eines tropischen Baums aus der Familie der Sumachgewächse, zu der auch der Mango- und der Pistazienbaum gehören.

Der Cashewbaum wird etwa zwölf Meter hoch; sein normales Alter beträgt 30 bis 40 Jahre. Er besitzt lederartige, ovale Blätter. Nach ca. drei Jahren bringen die Bäume die erste Ernte. Sie brauchen nur wenig Wasser und sind sehr anpassungsfähig. Da sie Schutz vor windbedingter Erosion bieten und zudem ein guter Wasserspeicher sind, sind sie vor allem in trockenen Ländern äußerst wertvoll.

Der Cashewbaum stammt ursprünglich aus Südamerika, wird aber auch in Asien – dort besonders in Indien – und in Afrika angebaut. In Indien nennt man die Nüsse volkstümlich auch »Elefantenläuse«.

Verwertet wird nicht nur die Nuss des Baums, sondern auch der Cashewapfel, der fleischig verdickte, rotgelbe Fruchtstiel, an dem die Nuss hängt. Die Äpfel werden frisch gegessen, aber auch zu Marmelade, Saft und Wein verarbeitet.

Die *Cashewnüsse* werden von der Frucht getrennt und sonnengetrocknet und geröstet verkauft. Es gibt sie also nur geschält. Deshalb ist es wichtig, sie richtig zu lagern, da sie sonst schnell verderben: kühl und in einem fest verschlossenen Behälter.

Empfehlenswerte Qualitäten

Besonders hochwertig sind weiße Kerne ohne Flecken. Indische Cashewkerne, die das Prädikat »groß« tragen, sowie brasilianische Cashewnüsse aus ökologischem Anbau zeichnen sich durch ihren ausgesprochen reinen Geschmack aus.

Der Geschmack von Cashewkernen generell ist edel süß-würzig und mandelähnlich. Cashewkerne gehören zu den fett- und kalorienärmsten Nüssen und sind reich an wichtigen Mineralien und Spurenelementen, besonders an Magnesium.

Verwendung und Küchentipps

Mit etwas Salz verfeinert, schmecken Cashewkerne zu Drinks besser als Erdnüsse.

Sie bereichern viele asiatische – d. h. indische und chinesische, thailändische und indonesische – Rezepte, schmecken aber auch hervorragend in Müslis, zu Desserts, in Salaten und in vielen vegetarischen Gerichten.

Vegetarische Paella

Zutaten *(für 4–6 Portionen):* 100 g Cashewnüsse • je 1 rote, grüne und gelbe Paprikaschote • 4 Knoblauchzehen • 1 mittelgroße Zwiebel • 2 rote Chilischoten • 250 g Tofu • 6 EL kaltgepresstes Olivenöl 250–300 g Langkornnaturreis • 3/4 l Gemüsebrühe • 150 ml trockener Weißwein • 150 g tiefgekühlte Erbsen • 100 g schwarze Oliven 1 Prise Safranpulver zum Färben • Cayennepfeffer • Meersalz

Zubereitung
1 Cashewkerne ohne Fett in einer Pfanne goldgelb anrösten.
2 Paprika halbieren, entkernen und in kleine Stücke schneiden. Knoblauch, Zwiebel und Chilischoten klein hacken, Tofu würfeln.
3 Gemüse und Tofu in der Hälfte des Öls anbraten.
4 Das restliche Öl in einer Pfanne erhitzen, Naturreis darin anbraten. Mit Gemüsebrühe und Wein aufgießen, kurz aufkochen und bei geringer Hitze etwa 20 Minuten garen. Erbsen, Gemüse und Oliven zugeben. Mit Safran, Cayennepfeffer und Meersalz würzen. Nochmals ca. 25 Minuten garen, Cashewkerne darüber streuen.

Reis-Chinakohl-Pfanne mit Cashewkernen

Zutaten *(für 4 Portionen):* 200 g Basmatireis • Meersalz • 2 Eier 2 EL Milch • 2 EL Vollkornmehl • 1 Messerspitze frisch geriebene Muskatnuss • 3 EL kaltgepresstes Erdnussöl • 40 g Sesamsamen • 500 g Chinakohl • 200 g Lauch • 100 g Cashewkerne • 4 EL Sojasauce • Chinagewürz

Zubereitung
1 Reis ca. 35 Minuten in kochendes Salzwasser geben, abgießen.
2 Eier mit Milch, Mehl, Muskat und etwas Meersalz verquirlen. In wenig Öl 2 dünne Pfannkuchen ausbacken und in Streifen schneiden. Sesam ohne Fett in einer Pfanne kurz anbraten.
3 Chinakohl und Lauch waschen, klein schneiden und in dem restlichen Öl ca. 3 bis 5 Minuten braten. Cashewkerne zugeben.
4 Reis, Pfannkuchenstreifen und Sesam untermischen, mit Sojasauce und Chinagewürz abschmecken.

Erdnüsse

Aussehen und Herkunft

Erdnüsse gehören wie z. B. die Erbsen zu den Schmetterlingsblütlern. Die Pflanzen aus der Familie der Leguminosae tragen die botanische Bezeichnung Arachis hypogae, werden etwa 75 Zentimeter hoch und breiten sich über eine Fläche von ca. 120 Zentimeter Durchmesser aus. Nachdem die Blüte befruchtet ist, wendet sich der verlängerte Fruchtstiel von der Basis des Blütenstiels an nach unten und vergräbt so die Spitze des Fruchtknotens im Boden. Dort entwickelt sich dann die Frucht. Die Blütezeit dauert nur einen einzigen Tag; die Blüte ist leuchtend gelb.

In der Erdnussschote befinden sich je nach Sorte etwa zwei bis vier Kerne. Sie sind rund oder länglich und von einer hell- bis dunkelroten oder einer braunvioletten Haut umgeben. Auch die Farbe der Erdnusshülse variiert; sie ist jedoch kein Hinweis auf die Qualität der Nuss. Sie gibt lediglich Auskunft über den Boden, in dem sie gewachsen ist. Hat die Erdnuss eine helle Schale, war ihr Nährboden sehr sandig; hat sie eine dunkle Schale, ist sie auf humusreichem Boden gewachsen.

Es gibt viele verschiedene Erdnusssorten. Großsamige Nüsse werden zum Rösten und in Süßigkeiten verwendet, kleinsamige für die Herstellung von Erdnussbutter und Erdnussöl. Bei den verschiedenen Sorten werden die Gruppen »Spanish« (Valencia), »Runner« und »Virginia« unterschieden. Sie enthalten in der Regel zwei Kerne. Die runden Virginiakerne sind die größten und werden meist als Cocktailnüsse gehandelt.

Indianischer Ursprung

Erdnüsse stammen ursprünglich aus Südamerika, wahrscheinlich aus Brasilien; sie werden seit langer Zeit von den Ureinwohnern Amerikas angebaut.

Heute sind die wichtigsten Erdnussproduzenten die Volksrepublik China, Indien und die USA. Im Gegensatz zu den USA, wo die Ernte inzwischen vollmechanisiert erfolgt, werden die Erdnüsse in Asien oft noch von Hand geerntet.

Nach der Ernte werden die *Erdnusskerne* auf acht bis zehn Prozent Feuchtigkeit getrocknet, gesäubert, sortiert und verladen. Die Weiterverarbeitung erfolgt meist erst im Importland. Geröstet werden die Erdnüsse nicht nur aus Geschmacksgründen und zur Erhöhung der Haltbar-

Chinakohlröllchen mit Erdnusssauce

Zutaten *(für 4 Portionen): 1 großer Chinakohl • 1 Prise Meersalz 300 g Champignons • 1 Zwiebel • 10 g ungehärtete Pflanzenmargarine 30 g vegetabile Pastete • 1–2 EL Sojamehl (10–20 g) • 50 g Erdnusskerne 100 ml Gemüsebrühe • 4 Schalotten • 100 g Erdnussmus • frisch geriebene Muskatnuss • frisch gemahlener schwarzer Pfeffer • 1 TL Honig Ingwerpulver • 1 EL Zitronensaft*

Zubereitung

1 Ca. 16 Chinakohlblätter in kochendem Salzwasser 1 bis 2 Minuten blanchieren, dicke Rippen der Kohlblätter flach schneiden.
2 Geschnittene Champignons mit Zwiebelwürfeln in Margarine andünsten. Den restlichen geschnittenen Chinakohl und die Pastete zugeben. Mit Sojamehl bestäuben, 30 Gramm Erdnüsse zugeben, abschmecken. Die Masse auf 4 Kohlblättern verteilen, zusammenrollen, mit Zwirn binden, in eine gefettete Form geben, mit 1 Tasse Gemüsebrühe angießen und zugedeckt im Backofen bei 225 °C (Gas Stufe 4–5) 25 Minuten garen.
3 Gedünstete Schalotten, Erdnussmus, Brühe und Gewürze vermischen, darüber geben, überbacken. Mit Erdnüssen bestreuen.

Linsenrösti

Zutaten *(für 4 Portionen): 1 Zwiebel • 10 g ungehärtete Pflanzenmargarine • 180 g rote Linsen • 400 ml Gemüsebrühe • 1 rohe Kartoffel 3 Stängel glatte Petersilie • 1 EL Mehl • 2 EL angeröstete Vollkornmehlbrösel • 30 g grob gehackte Erdnüsse • 1–2 Eier • Delikata • Pfeffer*

Zubereitung

1 Zwiebel abziehen, würfeln, in Margarine anbraten. Linsen zugeben, mit heißer Gemüsebrühe auffüllen und ca. 15 Minuten kochen und ausquellen lassen. Mit dem Pürierstab zerkleinern.
2 Kartoffel schälen, reiben, Petersilie klein schneiden, zum Püree geben. Mit Mehl, Vollkornmehlbröseln, Erdnüssen, Ei, Delikata und Pfeffer mischen. Aus je 3 Esslöffeln Teig 4 Rösti ausbacken.

keit, sondern auch, um im Röstprozess den in den Kernen enthaltenen Bitterstoff zu beseitigen. Im Handel werden sowohl geschälte als auch ungeschälte, geröstete, gesalzene oder ungesalzene Erdnüsse angeboten.

Verwendung und Küchentipps

Erdnüsse werden am häufigsten als Snack angeboten. Daneben werden ungesalzene Erdnüsse für die Herstellung von Keksen und anderen Backwaren, Müslis und Nachspeisen verwendet. Sie schmecken jedoch auch als Beigabe zu Gemüse, Reis, Aufläufen und Salaten.

Etwa die Hälfte der in den USA produzierten Erdnüsse wird zu Erdnussbutter verarbeitet. Dazu werden sowohl die gerösteten als auch die ungerösteten Nüsse gemahlen. Der Nussbrei wird dann unter Zugabe von Erdnussöl und – je nach Geschmack – auch unter Zugabe von Sojamehl, Honig oder Malz zu einer dickflüssigen Masse gerührt. Qualitativ hochwertiges Erdnussöl gibt es auch als Speiseöl und als Margarinezusatz.

Empfehlenswerte Qualitäten

Qualitativ hochwertig sind die Erdnüsse, die gentechnisch nicht verändert wurden und im Reformhaus erhältlich sind. Dazu zählen Erdnüsse in der Schale aus den USA und trockene, geröstete Erdnusskerne, ebenfalls aus den USA, die nicht nur besonders groß, sondern auch ungesalzen sind und die sich deshalb hervorragend für süße Gerichte eignen.

Die Chinakohlröllchen mit Erdnusssauce (Rezept siehe Seite 69) bestechen besonders durch ihre raffinierte Gewürzmischung.

Hirse-Erdnuss-Plätzchen

Zutaten *(für 40–50 Stück): 150 g ungehärtete Pflanzenmargarine oder Butter • 100 g flüssiger Honig • 2 Eier • 100 g Weizenvollkornmehl 100 g Hirseflocken • 100 g fein gehackte Erdnüsse • abgeriebene Schale von 1 unbehandelten Zitrone • 2 EL Erdnüsse zum Garnieren*

Zubereitung
1 Pflanzenmargarine oder Butter, Honig und Eier zu einer schaumigen Masse verrühren.
2 Weizenvollkornmehl, Hirseflocken, Erdnüsse und Zitronenschale zugeben, alles gut miteinander vermischen und das Ganze danach etwa 30 Minuten ruhen lassen. Der Teig muss schwer vom Löffel fließen.
3 Mit zwei Teelöffeln kleine Häufchen der Teigmasse auf ein gefettetes Blech setzen und 1 Erdnuss als Garnierung auf jedes Plätzchen geben. Im vorgeheizten Backofen bei 180 bis 200 °C (Gas Stufe 2–4) ca. 20 bis 25 Minuten backen.

Möhrensalat in Orangensauce

Zutaten *(für 4 Portionen): 1 Stück Ingwerwurzel • 800 g Möhren 2 EL ungehärtete Pflanzenmargarine • Meersalz • weißer Pfeffer 1 Prise Cayennepfeffer • 1/8 l Orangensaft • 1 EL Orangenmarmelade (aus dem Reformhaus) oder 1 EL Honig • Saft von 1 Limette oder 1 unbehandelten Zitrone • 50 g Erdnüsse • Orangenscheiben*

Zubereitung
1 Ingwer schälen und fein schneiden. Möhren schälen und in dünne Scheiben schneiden. Beides in heißem Fett andünsten. Mit Salz, Pfeffer und Cayennepfeffer würzen. Mit Orangensaft aufgießen und ca. 10 Minuten dünsten.
2 Orangenmarmelade oder Honig und Limetten- oder Zitronensaft zugeben. Etwas durchziehen lassen.
3 Mit Erdnüssen bestreuen und mit Orangenscheiben garnieren, lauwarm servieren.

Hanfsaat

Aussehen und Herkunft

Hanf ist eine einjährige, krautige Pflanze mit starken, elastischen Fasern.

Die Hanfsaat ist die Frucht der Hanfpflanze Cannabis sativa indica. Sie gehört ebenso zur Familie der Maulbeerbaumgewächse wie die Maulbeere, die Feige und der Hopfen.

Die Hanfsamen, die eigentlichen Früchte, enthalten 30 bis 50 Prozent Öl und werden vor allem in der Vollwertküche verwendet.

Außerdem wird der Hanfsamen und das Harz, das von den weiblichen Blütenständen abgesondert wird, als betäubende Droge geraucht. Aus Indien stammt dafür die Bezeichnung »Haschisch«, aus Südamerika der Name »Marihuana«. Unter »Marihuana« versteht man eine Mischung der Blätter, Triebe und Blütenstände aus dem oberen Bereich der weiblichen Pflanzen. Hanf stammt ursprünglich aus Zentralasien, wird seit langem jedoch auch in Europa, China, Indien und in den USA angebaut. Die Erntezeit ist von September bis Oktober.

Die Hanfpflanze passt sich sehr leicht ihren Gegebenheiten an, ist äußerst robust und relativ anspruchslos.

Hanfsamen sind ballaststoffreich (22,8 Prozent) und reich an mehrfach ungesättigten essenziellen Fettsäuren: Neben Linolen- und Alpha-Linolensäure enthält Hanf auch einen erheblichen Anteil an Gamma-Linolensäure. Diese essenzielle Fettsäure hat u. a. einen günstigen Einfluss auf den Stoffwechsel und das prämenstruelle Syndrom (PMS) und hilft zudem bei Ekzemen.

Empfehlenswerte Qualitäten

Qualitativ hochwertig ist Hanfsaat aus Österreich – innerhalb Europas das größte Exportland. Es ist jedoch generell sehr schwierig, Hanfsaat zu bekommen. Am besten fragen Sie in speziellen Hanfgeschäften nach.

Verwendung und Küchentipps

Hanfsaat passt sehr gut zu Brot, Müsli, Getreidespeisen und in Salate oder einfach als Knabberei zwischendurch.

Getreidehanfmehl (im Verhältnis 90 : 10) kann wie handelsübliches Getreidemehl für alle Rezepte verwendet werden. Ideal ist es dann, wenn ein nussiger Geschmack gewünscht wird. Hanfsamen kann mit dem Mörser zerstoßen werden. Er kann aber auch mit einer Kaffee- oder Getreidemühle mit Stahlmahlwerk gemahlen werden.

Kartoffelcremesuppe mit Hanfkörnern

Zutaten *(für 4 Portionen):* *500 g Kartoffeln • 1 l Gemüsebrühe aus Extrakt • 1 mittelgroße Zwiebel • 1 Stange Lauch • 20 g ungehärtete Margarine • Meersalz • schwarzer Pfeffer • Majoran • 1 Eigelb 100 g Sahne • 3 EL leicht angeröstete Hanfkörner*

Zubereitung
1 Kartoffeln schälen und klein schneiden. In der Gemüsebrühe 10 Minuten kochen lassen und anschließend im Mixer oder mit einem Pürierstab pürieren.
2 Zwiebel und Lauch in kleine Würfel schneiden und in der Margarine andünsten. Gemüse in die Suppe geben und mit Salz, Pfeffer und Majoran abschmecken.
3 Eigelb mit der Sahne verrühren und zum Schluss langsam in die heiße Suppe einrühren. In Suppentassen füllen und mit Hanfkörnern bestreuen.

Sauerteigbrot mit Hanfkörnern

Zutaten *(für 1 Brot von 1 kg):* *350 g Roggenvollkornmehl etwa 1/2 l Wasser • 1/2 Päckchen Sauerteigextrakt • 2 TL Meersalz 350 g Weizenvollkornmehl • 1 Päckchen Trockenhefe • 150 g Hanfkörner*

Zubereitung
1 Roggenmehl mit lauwarmem Wasser gut verrühren. Sauerteigextrakt zugeben und anschließend ca. 3 Stunden gehen lassen.
2 Salz, Weizenvollkornmehl und Trockenhefe zugeben und alles miteinander verkneten. Danach den Teig nochmals ca. 1 Stunde lang gehen lassen.
3 Hanfkörner einkneten, den Teig in eine gefettete Kastenform geben und so lange gehen lassen, bis sich das Volumen verdoppelt hat. Im vorgeheizten Backofen bei 220 °C (Gas Stufe 4–5) ca. 50 bis 60 Minuten lang backen.
Tipp Stellen Sie 1 Tasse Wasser während des Backens in den Backofen, das ergibt eine schöne Kruste!

Haselnüsse

Aussehen und Herkunft

Botanisch gesehen gehören Haselnusssträucher zur Familie der Birkengewächse.

Die öl- und proteinreichen Nüsse sind eiförmig und von einer Fruchthülle umgeben, von der sie sich bei der Reife lösen und aus der sie herausfallen. Unter der festen, rötlich braunen Schale – sie macht etwa 55 Prozent des Gewichts der Nuss aus – sitzt ein heller *Nusskern*.

Hauptanbaugebiete heute sind die Türkei, Italien und Spanien. Die »San Giovanni« (»Neapolitaner«) ist die meistgehandelte Sorte. Sie kommt aus Italien. »Levantiner« aus der Türkei sind großkernig mit dünner Schale. Besonders köstlich sind runde »Römer« aus Italien.

Die Früchte reifen ab August in der Türkei bzw. im September und Oktober in den übrigen Gebieten. Die Nüsse werden entweder maschinell geerntet oder von Hand eingesammelt und nach fünf bis sechs Tagen Sonnentrocknung von der grünen Schale befreit. Anschließend werden sie nach Größen sortiert. Angeboten werden die verschiedenen Haselnusssorten in der Schale, geschält, geröstet, gehackt, gehobelt und gemahlen.

Empfehlenswerte Qualitäten

Die Haselnüsse der Sorte »Römer« aus Italien sind besonders knackig; sie enthalten wenig Öl und sind ideal zum Knabbern. Etwas preiswerter und eher zum Backen geeignet sind die ölreichen »Levantiner«. Haselnusskerne aus der Türkei sind etwas herber und kräftiger im Geschmack und ebenfalls sehr ölreich.

Haselnüsse enthalten bioaktive Substanzen wie Phytosterine und spezielle Fettsäuren, die das Risiko des Dickdarmkrebses verringern, den Cholesterinspiegel senken, das Wachstum von Bakterien und Viren hemmen und vor schädlichen Oxidationen und Herzinfarkt schützen.

Verwendung und Küchentipps

Mit Schale ist die Nuss bei guter Lagerung mehrere Jahre haltbar, entkernt und ganz etwa ein Jahr. Gemahlene Nüsse sollten sofort verbraucht werden; angebrochen sollten sie gut verschlossen und kühl gelagert werden.

Haselnüsse schmecken in Backwaren, Obstsalaten, in süßen und pikanten Salaten, in Desserts, Parfaits und Müslis. Hellhäutige Nusskerne deuten auf eine neue Ernte hin, denn je hellhäutiger, desto frischer ist die Haselnuss.

Früchtebrot classic

Zutaten *(für ca. 16 Stücke): 4 Eier • 4 EL Honig • 1 Messerspitze Vanille • 1 TL Zimt • 1 Messerspitze Nelkenpulver • 150 g ganze Haselnüsse • 250 g getrocknete Feigen • 150 g Weinbeeren • 100 g gewürfeltes Zitronat • 50 g gewürfeltes Orangeat • 175 g sehr fein gemahlenes Weizenvollkornmehl • 1 gehäufter TL Weinsteinbackpulver eventuell ca. 100 g halbierte Mandeln*

Zubereitung
1 Aus Eiern, Honig, Vanille, Zimt und Nelkenpulver eine Schaummasse rühren, so lange, bis eine dickliche, zähe Creme entsteht.
2 Haselnüsse und die in Würfel geschnittenen Feigen, Weinbeeren, Zitronat und Orangeat zugeben.
3 Das Mehl mit dem Backpulver vermischen und gut mit der Masse verarbeiten. In eine gefettete Springform füllen, die Oberfläche glatt streichen und eventuell mit den halbierten Mandeln sehr eng belegen. Im vorgeheizten Backofen bei 175 °C (Gas Stufe 2–3) ca. 60 bis 70 Minuten backen.
Tipp Falls der Teig zu braun wird, mit Alufolie abdecken.

Bratäpfel mit Nussfüllung

Zutaten *(für 4 Bratäpfel): 4 mittelgroße Äpfel • Fett für Blech oder Form 2 Eiweiße • 2 EL Haselnussmus • 2 gehäufte EL Haselnüsse • 1 EL Aprikosenmarmelade*

Zubereitung
1 Äpfel waschen, Kerngehäuse ausstechen und auf ein gefettetes Backblech oder in eine gefettete Auflaufform setzen. Je nach Größe bei 200 bis 250 °C (Gas Stufe 3–6) ca. 30 Minuten im Backofen garen.
2 In der Zwischenzeit Eiweiß zu steifem Schnee schlagen und mit Haselnussmus, Haselnüssen und Aprikosenmarmelade mischen. Die Masse nach dem Garen in die Äpfel füllen.
Tipp Für Bratäpfel eignen sich eher säuerliche Apfelsorten.

Kokosnüsse

Aussehen und Herkunft

Kokosnüsse sind die Früchte der Kokospalme (Cocos nucifera). Die vielseitig verwendbaren Palmen können über 100 Jahre alt und bis zu 30 Meter hoch werden. Sie tragen das ganze Jahr über Früchte.

Die Kokosnuss wächst in Büscheln, die jeweils etwa zwölf Früchte tragen. Die Nüsse haben eine äußerst harte Schale, die erst aufgebrochen werden muss, damit man an das an der Innenseite haftende Fruchtfleisch gelangen kann. Der Hohlraum der Nuss ist mit der Kokosmilch gefüllt, einer süßen, weißlichen Flüssigkeit. Noch heute erfolgt die Ernte durch Palmkletterer, durch abgerichtete Affen oder mit Messern an langen Stangen. Die Früchte wurden schon vor 4000 Jahren von den Eingeborenen der Südsee und Südasiens als Nahrung genutzt. Die Palme wird seit 1740 in Holland und Portugal kultiviert; sie zählt heute zu den wichtigsten Wirtschaftspflanzen der Welt.

Die *Nüsse* werden zunächst von der faserigen Fruchthülle befreit, mit Buschmessern halbiert und zur Trocknung ausgelegt. Nach einigen Tagen lässt sich das innere Nährgewebe (Endosperm) leicht von den Steinschalen lösen. Das zu Stücken zerkleinerte Endosperm, das »Kopra« genannt wird, muss dann von etwa 50 Prozent Wassergehalt auf fünf bis sieben Prozent heruntergetrocknet werden. Dies geschieht entweder an der Sonne, über dem Feuer oder in Trockenhäusern mit Heißluft. Die Kopra (Fettgehalt: 63 bis 70 Prozent) wird zu Kokosraspeln und später zu Kokosflocken oder auch zu Kokosfett verarbeitet.

Kokosflocken werden aus Kokosraspeln unter Zusatz von Fondant (Zuckerlösung aus verschiedenen Zuckern wie Saccharose und Invertzucker) hergestellt.

Empfehlenswerte Qualitäten

Die besten naturbelassenen Kokosraspeln kommen aus Sri Lanka; sie werden nicht mit Konservierungsmitteln behandelt und sind im Reformhaus erhältlich.

Verwendung und Küchentipps

Kokosraspeln werden traditionell zu Makronen verarbeitet. Sie passen zu vielen Desserts und Obstsalaten und verleihen Eis, Parfaits und Kuchen ein besonderes Aroma. Leicht angeröstet schmecken sie zu süß-sauren Gemüse- und Reisgerichten und sind in der asiatischen und kreolischen Küche sehr beliebt.

Kokos-Vanille-Dessert mit Heidelbeersauce

Zutaten *(für 4 Portionen): 250 g Quark • 1/2 Tasse Milch • 1 Päck-chen Vanillezucker • 2 EL Ahornsirup • Saft und Schale von 1/2 Zitro-ne • 4–6 EL Kokosraspeln • 125 g Sahne • 4 EL Heidelbeervollfrucht*

Zubereitung

1 Quark mit Milch, Vanillezucker, Ahornsirup, Zitronensaft und -schale verrühren.

2 Kokosraspeln ohne Fett in der Pfanne leicht anrösten, abkühlen lassen und zum Quark geben.

3 Sahne steif schlagen und unterziehen. In 4 Portionsschälchen füllen und mit jeweils 1 Esslöffel Heidelbeervollfrucht garnieren. Sofort servieren.

Linsen-Kokos-Pfanne

Zutaten *(für 4 Portionen): 2 mittelgroße Möhren • 1 Stange Lauch 1 mittelgroße Zwiebel • 2 Knoblauchzehen • 4 EL kaltgepresstes Sonnen-blumenöl • 250 g Linsen • 2 EL Currypulver • 1/2 l Gemüsebrühe 4 EL Mangovollfrucht • Apfelessig • Meersalz • 1 EL Aprikosenkonfitüre 2 EL Koriander • 2 EL Vollzucker • 4 EL Crème fraîche • 50 g Kokos-flocken*

Zubereitung

1 Möhren waschen, schälen und würfeln, Lauch in Scheiben schneiden und kurz blanchieren.

2 Zwiebel und Knoblauch abziehen, klein schneiden und in heißem Sonnenblumenöl kurz anbraten. Linsen und Currypulver zugeben.

3 Gemüsebrühe kochen und Gemüse damit angießen. Ca. 25 Minu-ten bei geringer Hitze garen. Mit Mangovollfrucht, Apfelessig, Meersalz, Aprikosenkonfitüre, Koriander und Zucker abschme-cken. Mit Crème fraîche leicht binden. Nochmals aufkochen lassen und das Gemüse zugeben.

4 Kokosflocken ohne Fett in der Pfanne leicht anrösten und das Gemüse damit bestreuen.

Kürbiskerne

Aussehen und Herkunft

Zur botanischen Familie der Kürbisse (Cucurbitaceae) gehören zahlreiche bekannte Gemüse wie Zucchini, Gurken oder Riesenkürbisse. Grob wird zwischen Sommer- und Winterkürbissen unterschieden.

Die Träger der wertvollen Kürbiskerne sind die Winterkürbisse, auch »Riesen-« oder »Zentnerkürbis« genannt, mit einer harten, ungenießbaren Schale, die sich nur sehr schwer öffnen lässt, und großen Kernen.

Auch bei den Winterkürbissen gibt es zahlreiche Sorten: Butternusskürbisse, Hubbardkürbisse, Turbankürbisse, Eichelkürbisse, Buttercupkürbisse, Moschuskürbisse oder die weniger bekannten Bananenkürbisse. Je nach Sorte können sie bis zu sechs Monate lang gelagert werden. *Kürbiskerne* dienen, je nach Sorte bzw. Züchtung, ernährungs- oder arzneilichen Zwecken. Sie werden entweder pur verzehrt oder dienen als Rohware zur Kürbiskernölgewinnung. Hauptanbauländer sind Österreich und China; dabei sind die österreichischen Kerne aus der Steiermark am hochwertigsten und aromatischsten. Sie haben eine gleichmäßige, tief dunkelgrüne Farbe, ein typisches, sehr feines und leicht nussiges Aroma. Kürbiskerne sind aus ernährungsphysiologischer Sicht ähnlich zu beurteilen wie Nüsse. Im Fettgehalt liegen sie bei ca. 50 Prozent und enthalten einen hohen Anteil an Linolsäure, Vitamin E und nennenswerte Mengen der Spurenelemente Zink und Selen.

Empfehlenswerte Qualitäten

Hochwertig sind die in Österreich angebauten, schalenlos gewachsenen Ölkürbisse, deren Kerne einen hohen Gehalt an Delta-7-Sterolen aufweisen. Die Kürbisse wachsen unter optimalen Anbaubedingungen auf pestizidarmen, unbelasteten Böden. Die Gesundheitswirkung der Kürbiskerne ist vor allem bei speziellen Arzneizüchtungen, so wie sie im Reformhaus angeboten werden, sehr hoch. Diese Züchtungen werden auch im deutschen Arzneimittelbuch (DAB) als freiverkäufliches Arzneimittel geführt.

Neben dem hohen Gehalt an Delta-7-Sterolen sind sie auch reich an Mineralien und Vitaminen. Selen, Magnesiumsalze, Vitamin E und Linolsäure wirken sich u. a. bei gutartigen Prostatavergrößerungen und deren Begleitkomplikationen günstig aus.

Kräutersuppe mit Kürbiskernen

Zutaten *(für 6 Portionen): 50 g Butter • 40 g Weizenmehl (Type 1050) 1,2 l Gemüsebrühe aus Extrakt • 1 Stange Lauchzwiebeln • je 1 Bund glatte Petersilie und Schnittlauch • 100 g Spinat • einige Blätter Sauerampfer • 150 g Sahne • Meersalz • Pfeffer • 3 EL Zitronensaft • 1 Prise Schabzigerklee • 3 Eigelbe • 3 EL ohne Fett angeröstete Kürbiskerne*

Zubereitung

1 Butter in einer Pfanne aufschäumen, Mehl einrühren und leicht anschwitzen. Gemüsebrühe langsam zugeben und mit dem Schneebesen verrühren. In geschlossenem Topf ca. 10 Minuten bei schwacher Hitze kochen lassen. Ab und zu umrühren.
2 Lachzwiebeln, Petersilie, Schnittlauch, Spinat und Sauerampferblätter waschen, trockenschleudern und klein schneiden. Mit etwa 1/3 der Sahne zur Suppe geben, nochmals durchkochen. Mit den übrigen Gewürzen und dem Schabzigerklee abschmecken.
3 Eigelbe nach und nach in die Suppe einrühren. Nicht mehr aufkochen. Die restliche, geschlagene Sahne unterziehen und in vorgewärmte Teller geben. Kürbiskerne darüber streuen.

Herbstrohkost mit Kürbiskernen

Zutaten *(für 4 Portionen): 500 g Steckrüben • Salz • 1 kleine Zwiebel 4 EL Apfelessig • 2 EL kaltgepresstes Kürbiskernöl • 2 EL kaltgepresstes Sonnenblumenöl • 1 Prise weißer Pfeffer • 1/2 TL Honig • 1 Prise zerstoßener Koriander • 4 EL Kürbiskerne • 2 Stängel glatte Petersilie*

Zubereitung

1 Steckrüben schälen, in Scheiben, dann in dünne Streifen schneiden. In kochendem Salzwasser ca. 3 Minuten blanchieren.
2 Zwiebel sehr klein schneiden, mit Apfelessig, Öl, Pfeffer, Honig und Koriander zu einer Vinaigrette verrühren. Die Steckrüben abtropfen lassen und lauwarm mit der Salatvinaigrette vermischen. Die ohne Fett leicht angerösteten Kürbiskerne zugeben.
3 Durchziehen lassen, mit klein geschnittener Petersilie garnieren.

Anwendungsgebiete für Kürbiskerne mit Arzneimittelwirkung sind Blasenschwäche, Prostatabeschwerden und damit verbundene Störungen des Harnflusses. Auch bei Bettnässen werden sie empfohlen.

Um eine Wirkung zu erzielen, ist erfahrungsgemäß eine Anwendung über Wochen oder Monate erforderlich. Dazu reichen morgens und abends zwei gehäufte Esslöffel gemahlene Kürbiskerne, die zerkaut oder über die Speisen gestreut werden.

Verwendung und Küchentipps

Kürbiskerne sind Bestandteil vieler Nussmischungen; sie sind nicht nur als Snack, sondern auch als Zutat für Brot und Gebäck und als Beigabe zu Müslis und Fruchtsalaten sehr beliebt.

Durch leichtes Rösten ohne oder mit wenig Öl in der Pfanne wird aus den kleinen Kernen eine raffinierte Zutat für viele Frischkostsalate, Aufläufe und für überbackenes Gemüse.

Speziell ohne Fett geröstete Kürbiskerne, die im Reformhaus erhältlich sind, lassen sich sehr gut zur Garnitur für Desserts und als Müslizutat verwenden.

Das tief dunkelbraune und intensiv schmeckende Kürbiskernöl schmeckt köstlich zu Salaten. Kürbiskerne können sehr gut eingefroren werden. Ansonsten sollten sie – luftdicht verschlossen – an einem trockenen und kühlen Ort aufbewahrt werden. Gemahlene oder gehackte Kerne müssen im Kühlschrank aufbewahrt werden, da sie sonst ranzig werden können.

Kürbiskerne bringen als ausgefallenere Nussvariante Abwechslung in jedes Müsli.

Kürbistarte

Zutaten *(für 6 Portionen): Für den Teig: 250 g Mehl (Type 1050) 1/2 TL Meersalz • 125 g kalte Butter • Wasser • Für den Belag: 1 Kürbis (ca. 750 g) • 4 Eier • 1 Becher Crème fraîche • 3 EL Mangovollfrucht 1 EL Currypulver • Hefestreuwürze • gemahlener weißer Pfeffer • 5 zerstoßene Korianderkörner • 4 EL ohne Fett angeröstete Kürbiskerne*

Zubereitung

1 Mehl, Meersalz und Butter mit 5 Esslöffeln kaltem Wasser verkneten, ca. 30 Minuten kalt stellen.

2 Kürbis halbieren, Kerne entfernen, das Fruchtfleisch würfeln. In kochendem Wasser kurz blanchieren, gut abtropfen lassen.

3 Den Teig sehr dünn ausrollen, eine Springform damit auslegen und Kürbiswürfel darauf verteilen.

4 Eier verquirlen, mit Crème fraîche, Mangovollfrucht und den Gewürzen verrühren, die Kürbiswürfel damit übergießen. Kürbiskerne über die Tarte streuen. Im vorgeheizten Backofen bei 180 bis 200 °C (Gas Stufe 2–4) ca. 50 Minuten backen.

Hirsedessert mit Kürbis-Mango-Sauce

Zutaten *(für 4 Portionen): 350 ml Milch • Schale von 1 unbehandelten Zitrone • 50 g Hirseflocken • 1 Prise echte Vanille • 2 EL Vollzucker 150 g Sahne • 1 Orange • 6 EL Mangovollfrucht • 2 EL fein gehackte Kürbiskerne*

Zubereitung

1 Milch mit Zitronenschale zum Kochen bringen. Hirseflocken einrühren, aufkochen und ausquellen lassen. Mit Vanille und Zucker abschmecken. Abkühlen lassen. Sahne steif schlagen, unterziehen und in flache Portionsschälchen füllen. Kühl stellen.

2 Orangen mit einem scharfen Messer so schälen, dass die weiße Haut entfernt wird. In dünne Scheiben schneiden. Das Dessert damit belegen. Mangovollfrucht mit Kürbiskernen verrühren und auf den Orangenscheiben verteilen.

Leinsamen

Aussehen und Herkunft

Leinsamen ist der Samen des Leins oder Flachses (Linum usitatissimum). Die Höhe der Leinpflanzen variiert zwischen etwa 30 und 100 Zentimeter. Generell haben die Pflanzen schmale, lanzettförmige, wechselständige Blätter. Die Samen befinden sich in den Fruchtblättern. Bei den meisten kultivierten Leinpflanzen sind die Blüten dunkel bis blassblau. Andere Arten mit weißen, violetten, rosafarbenen oder roten Blüten sind attraktive Zierpflanzen. Die Samen sind glänzend dunkelbraun, gelb oder gesprenkelt. Man unterscheidet die Sorten des goldgelben und braunen Leinsamens.

Lein ist eine uralte Kulturpflanze, die schon vor rund 6000 bis 8000 Jahren von den Sumerern, Ägyptern und sogar von den Pfahlbauleuten der jüngeren Steinzeit angebaut wurde. Auch die Germanen kultivierten den Lein, und im 16. Jahrhundert zählte Deutschland wegen seines Faserleins zu den wichtigsten Industrieländern.

Heute steht der Anbau des Ölleins im Vordergrund, der zu Leinöl weiterverarbeitet, als Lebensmittel oder als Arzneimittel verwendet wird.

Empfehlenswerte Qualitäten

Als Lebensmittel für die Verwendung in der Küche eignet sich *Leinsamen* besonders als Leinsaat goldgelb und Leinsaat braun, ganz oder fein aufgebrochen.

Im deutschen Arzneimittelbuch (DAB) ist Leinsamen auch als freiverkäufliches Arzneimittel geführt. Sein gesundheitlicher Wert liegt in dem hohen Anteil an Linol und Linolensäure sowie an Schleim- und Ballaststoffen. Er regt die Darmtätigkeit an, hilft bei chronischer Verstopfung und auch bei Entzündungen im Magen- und Darmbereich. Außerdem enthält Leinsamen bioaktive Substanzen wie Phytosterine, die das Risiko des Dickdarmkrebses verringern und den Cholesterinspiegel senken.

Verwendung und Küchentipps

Leinsamen eignet sich ausgezeichnet zum Backen von Brot und Brötchen. Mit Käse oder Semmelbröseln gemischt und über Gratins und Aufläufe gestreut, macht Leinsamen die Speisen nussiger.

Geschroteter Leinsamen muss sofort verbraucht werden, da er innerhalb weniger Tage ranzig wird. Aufgebrochener oder ganzer Leinsamen kann problemlos einige Wochen und Monate lang kühl aufbewahrt werden.

Käsebaguette mit Leinsamen

Zutaten *(für 3 Baguettes): 600 g Weizenvollkornmehl • 1 Päckchen Trockenhefe • 350 ml lauwarme Milch • 80 g ungehärtete Margarine 2 Zwiebeln • 4 EL Leinsamen • 150 g Käsewürfel • 2 EL Schnittlauch 2 TL Meersalz • 1 TL frisch gemahlener schwarzer Pfeffer • Milch zum Bestreichen*

Zubereitung
1 Mehl und Hefe in eine Schüssel geben. Milch dazugeben und gut miteinander verrühren.
2 Margarine in einer Pfanne erhitzen, Zwiebeln würfeln und kurz anbraten. Abgekühlt mit den Leinsamen, Käsewürfeln, dem Schnittlauch, Salz und Pfeffer zum Teig geben und alles gut durchkneten. Ca. 30 Minuten gehen lassen.
3 Die Oberfläche des Teigs einkerben und mit Milch bestreichen. Im vorgeheizten Backofen bei 200 °C (Gas Stufe 3–4) ca. 40 Minuten backen.

Verdauungsmüsli

Zutaten *(für 2 Portionen): 300 g Sanoghurt • Saft von 1 unbehandelten Zitrone • 1 Apfel • 4 getrocknete Feigen • 1 EL Akazienhonig • 4 EL Haferflocken • 3 EL Leinsamen • 1 EL Milchzucker*

Zubereitung
1 Sanoghurt cremig rühren, Zitronensaft zugeben.
2 Apfel gut waschen und mit der Schale in die Masse hineinreiben, Feigen klein schneiden und zusammen mit Honig, Haferflocken, Leinsamen und Milchzucker zugeben. Alles vorsichtig miteinander verrühren.
Tipp Das Müsli ist ideal für einen gesunden Start in den Tag, schmeckt aber auch zu jeder anderen Tageszeit köstlich. Wer möchte, kann das Müsli auch mit anderen Früchten (z. B. Aprikosen, Bananen oder Birnen) und gekeimtem oder geschrotetem Getreide zubereiten.

Macadamianüsse

Aussehen und Herkunft

Der immergrüne Macadamiabaum kann bis zu 20 Meter hoch werden. Seine Blätter sind dunkelgrün und hart.
Die Nüsse wachsen in Trauben von ca. 20 Stück. Eine grüne, lederartige Hülle umschließt die braune Nussschale, in der sich der cremefarbige, fast kugelförmige *Nusskern* befindet.
Die Macadamianuss war ursprünglich in Australien, in den Regenwäldern von Queensland, beheimatet, wo sie Mitte des 19. Jahrhunderts entdeckt und nach dem Philosophen Dr. John McAdam benannt wurde. Anbauländer heute sind Australien, Hawaii, Mittel- und Südamerika sowie Afrika.
Die Erntezeit liegt zwischen April und September (in Australien) und zwischen November und April (auf Hawaii). Wenn die Nüsse reif sind, fallen sie auf den Boden. Die harte Schale der Nuss ist in diesem Stadium von einer grünen Hülle bedeckt, die, während die Nuss reift, trocknet und schließlich abfällt. In einem ersten Bearbeitungsschritt wird diese Schale komplett entfernt. Die Nüsse werden dann in großen Silos gelagert und mit einem warmen Luftstrom auf ca. zwei Prozent Feuchtigkeit heruntergetrocknet. In Spezialmaschinen werden die getrockneten Nüsse schließlich aufgebrochen. Die Kernausbeute liegt bei etwa 30 Prozent. Macadamianüsse haben eine wachsartige Konsistenz. Ihr Geschmack ist fein aromatisch und leicht süßlich.

Empfehlenswerte Qualitäten

Besonders köstlich sind große, helle Nusskerne mit geringem Bruchanteil. Nüsse aus Australien sind dabei besonders aromatisch. Macadamianusskerne gibt es geröstet und gesalzen aus Australien und naturbelassen aus den Vereinigten Staaten.

Verwendung und Küchentipps

Beim Rösten ist die Trockenröstung der Ölröstung vorzuziehen, da sie den Geschmack der Macadamia noch verfeinert.
Immer häufiger werden Macadamianüsse in der Süßwarenindustrie und zur Herstellung von Speiseeis verwendet. Auch ein köstliches Speiseöl wird aus den Nüssen gewonnen.
Da ihr Fettgehalt sehr hoch ist, müssen die Nüsse bei der Lagerung sorgfältig vor dem Ranzigwerden geschützt werden.

Nussbuchteln

Zutaten *(für 8 Buchteln): 250 g Weizenmehl • 150 ml Milch • 2 EL Honig • 1/2 Päckchen Trockenhefe • 100 g gemahlene Macadamianüsse Fett für die Form • 1 Eiweiß • 50 g Butter oder Margarine • 400 ml Orangensaft • 1 Messbecher Biobin (Messbecher in der Packung enthalten) 1 mittelgroße Orange*

Zubereitung

1 Aus Mehl, Milch, Honig, Trockenhefe und Nüssen einen Hefeteig herstellen. Ca. 30 Minuten gehen lassen, nochmals durchkneten und 8 kleine Kugeln formen. In eine ausgefettete Auflaufform setzen und ca. 30 Minuten gehen lassen. Mit Eiweiß bestreichen und mit Butter- oder Margarineflöckchen belegen. Im vorgeheizten Backofen 35 Minuten bei 200 °C (Gas Stufe 3–4) backen.
2 Orangensaft mit Biobin leicht andicken. Die Orange filetieren. Zusammen mit den noch heißen Buchteln servieren.

Quark-Nuss-Gratin mit Früchten

Zutaten *(für 6 Portionen): 500 g Quark (40 % F.i.T.) • 500 g frische Aprikosen und Pfirsiche • 4 Eier • 1 Prise echte Vanille • 100 g Vollzucker oder Ursüße • 1 Prise Meersalz • fein abgeriebene Schale von 1 unbehandelten Zitrone • 3 EL Hirseflocken • 3 EL gemahlene Macadamianüsse fein geschnittene Limonenstreifen*

Zubereitung

1 Quark in einem Sieb abtropfen lassen. Früchte waschen, schälen und in dünne Scheiben schneiden. Kühl stellen.
2 Eier trennen, Eiweiß steif schlagen. Eigelbe mit Vanille, Zucker, Salz und Zitronenschale schaumig rühren. Quark, Hirseflocken, Nüsse und Eischnee zugeben und vermengen. 2/3 der Früchte zugeben. Die Masse in eine flache, ausgefettete Form geben. Die restlichen Früchte darauf verteilen.
3 Im vorgeheizten Backofen bei 180 °C (Gas Stufe 2–3) etwa 35 bis 40 Minuten backen. Mit Limonenstreifen bestreuen.

Mandeln

Aussehen und Herkunft

Mandeln sind die ovalen Steinfrüchte des Mandelbaums (Prunus dulcis). Der Baum ist kleinwüchsig, wird bis zu sechs Meter hoch und stammt aus der Familie der Rosengewächse. Man unterscheidet zwischen weiß blühenden Mandelbäumen, die die bitteren Mandeln tragen, und rosa blühenden Mandelbäumen, die süße Mandeln tragen. Viele Bäume tragen beide Sorten nebeneinander. Die Mandeln selbst haben kein Unterscheidungsmerkmal, an denen man die bitteren oder die süßen Nüsse erkennen kann. Der natürliche Anteil an bitteren Mandeln liegt bei ca. zwei Prozent.

Vorsicht bei Bittermandeln

Bittermandeln enthalten neben Fett und Eiweiß das Blausäureglykosid Amygdalin und dienen lediglich zur Gewinnung des Bittermandelöls. Sie sind – in größeren Mengen genossen – gesundheitsschädlich und für Kinder sogar gefährlich. Backwaren werden sie jedoch in kleinen Mengen zugefügt; durch die Hitze verflüchtigt sich die frei werdende Blausäure so weitgehend, dass keine gesundheitlichen Schäden zu befürchten sind.

Je nach Sorte unterscheidet man hartschalige, mittelschalige oder papierschalige Mandeln. Die letzteren werden auch als »paper shells« oder »Krachmandeln« bezeichnet. Je härter und dicker die Schale ist, desto geringer ist der Anteil des essbaren Kerns. Ihren Ursprung haben die Mandeln in Vorder- und Zentralasien. Der Hauptanbau erfolgt heute jedoch in den Mittelmeerländern, in Australien und den USA. Die »Non Pareil« ist eine fein-aromatische Sorte und wird in Kalifornien angebaut.

Die Erntezeit der *Mandeln* liegt zwischen Anfang August und Oktober. Ähnlich wie bei der Walnuss wartet man mit der Ernte so lange, bis sich die Schalen von selbst öffnen.

Im Handel sind mittlerweile geschälte, ungeschälte, gehackte, gemahlene sowie zu Stiften und Blättchen verarbeitete Mandeln zu bekommen. Der Geschmack ist je nach Sorte unterschiedlich; er reicht von süßlich mild und fein aromatisch bis hin zu leicht herb (vor allem bei den Sorten mit dicker brauner Mandelhaut).

Empfehlenswerte Qualitäten

Besonders hochwertig sind dünnhäutige, milde Mandeln, ökologisch angebaut, aus der Mittelmeerregion und aus Kali-

Bratäpfel

Zutaten *(für 6 Portionen): 6 Äpfel • 2 EL Zitronensaft • 12 getrocknete Pflaumen • 4 EL Pflaumenmus • 4 EL Mandelstifte*

Zubereitung
1 Äpfel waschen, Kerngehäuse ausstechen, das Fruchtfleisch mit Zitronensaft beträufeln.
2 Getrocknete Pflaumen klein schneiden und anschließend mit Pflaumenmus und Mandelstiften mischen; in die Äpfel füllen. Im vorgeheizten Backofen bei 220 °C (Gas Stufe 4–5) ca. 30 Minuten backen.

Birnen-Mandel-Kuchen

Zutaten *(für 12 Stücke): 50 g Mandelstifte • 4 frische Birnen • Saft von 1 unbehandelten Zitrone • 3 Eier • 80 g ungehärtete Pflanzenmargarine 50 g Zucker • 2 EL Weizenmehl • 50 g Speisestärke • 1 TL Weinstein-backpulver • 100 g gemahlene Mandeln • Meersalz • 1 TL abgeriebene Zitronenschale*

Zubereitung
1 Mandelstifte ohne Fett goldgelb anrösten und auskühlen lassen. Birnen schälen, halbieren, Kerngehäuse herauslösen und das Fruchtfleisch mit Zitronensaft beträufeln.
2 Eier trennen; die Hälfte der Margarine mit Zucker und Eigelben schaumig rühren. Mehl, Speisestärke, Backpulver, gemahlene Mandeln und etwas Meersalz zugeben.
3 Eiweiß zu Eischnee steif schlagen und vorsichtig unter den Teig heben.
4 Eine flache Form ausfetten, Teig hineinfüllen und Birnen darin versenken. Restliche Margarine erwärmen, Zitronenschale ein-rühren und Birnen damit bestreichen. Im vorgeheizten Backofen bei 180 bis 200 °C (Gas Stufe 2–4) ca. 40 Minuten backen.
5 Die gerösteten Mandelstifte kurz vor Backende über den Ku-chen streuen.

fornien, sowie braune, kaum angestoßene Mandeln mit einer dünnen Schale.

Verwendung und Küchentipps

Mandeln werden vorzugsweise als Backzutat, zu Brotaufstrichen und zu Mandelmus verarbeitet oder einfach pur gegessen. Sie spielen zudem eine große Rolle bei der Herstellung von Marzipan und von Mandelöl, das für medizinische, vor allem aber für kosmetische Zwecke Verwendung findet. Der Pressrückstand bei der Ölgewinnung, die Mandelkleie, wird ebenfalls für kosmetische Zwecke genutzt, beispielsweise in Gesichtsmasken. Mandeln in Form von Mandelmus haben eine große Bedeutung für Milcheiweißallergiker und für strenge Vegetarier.

Aus dem Mus kann eine Milch hergestellt werden, die als Ersatz für Milch mit einem hohen Mineralstoff- und Eiweißanteil schon bei Säuglingen zum Einsatz kommen kann.

Für die Verwendung in der Küche ist den Mandeln keine Grenze gesetzt. Sie schmecken besonders gut als Zutat in Kuchen und Gebäck, vorzugsweise in Weihnachtsgebäck. Köstlich sind sie auch in der süß-pikanten Küche, vor allem in asiatischen Rezepten. Mandeln werten jedes Dessert auf – ob als Mus, gemahlen, gehobelt oder als Mandelstifte. Besonders aromatisch schmecken sie, wenn sie ohne Fett leicht angeröstet werden.

Die Haut ganzer Mandeln lässt sich nach dem Blanchieren leichter abziehen.

Da Mallorca zu den größten Mandellieferanten Europas gehört, sind Mandeln ein wichtiger Bestandteil der mallorquinischen Küche.

Bananen-Mandel-Creme

Zutaten *(für 4 Portionen): 30 g Mandelstifte • 2–3 reife Bananen Saft und Schale von 1 unbehandelten Orange • 4 EL Mandelmus 4 EL Sanoghurt • 1 Prise Delifruit • 2 EL Zucker • eventuell 1 Messerspitze Biobin • Mandelstifte zum Dekorieren*

Zubereitung
1 Mandelstifte ohne Fett kurz anrösten und anschließend auskühlen lassen.
2 Bananen in Scheiben schneiden und zusammen mit Orangensaft und -schale pürieren.
3 Mandelmus, Sanoghurt, Delifruit und Zucker zugeben, cremig rühren und eventuell mit Biobin andicken. In 4 Dessertschalen füllen und mit Mandelstiften bestreuen.

Bananengratin mit Waldhonig

Zutaten *(für 6 Portionen): 70 g Waldhonig • 50 ml Birnensaft • Schale von 1 unbehandelten Zitrone • Saft von 3 Zitronen • 6 frische Bananen 30 g zerlassene Butter • 100 g Mandelblättchen*

Zubereitung
1 Honig, Birnensaft, Zitronenschale und -saft erwärmen, aber nicht kochen.
2 Bananen schälen, der Länge nach halbieren, mit etwas Zitronensaft und zerlassener Butter einstreichen.
3 Eine längliche Auflaufform ausfetten, Bananen hineinlegen, mit der Honigmasse begießen.
4 Mandelblättchen ohne Fett leicht in der Pfanne anrösten und über die Bananen streuen. Im vorgeheizten Backofen bei 220 °C (Gas Stufe 4–5) ca. 10 bis 15 Minuten überbacken. (Die Bananen dürfen nicht zu weich sein.)
Tipp Achten Sie beim Kauf der Bananen darauf, dass sie eine gelbe, leicht glänzende Schale mit einigen schwarzen oder braunen Flecken haben – dann sind sie wirklich voll ausgereift.

Mohn

Aussehen und Herkunft

Zur Gattung Mohn werden etwa 50 Arten gerechnet. Viele davon sind beliebte Zierpflanzen, insbesondere der Orientalische Mohn, von dem es zahlreiche Sorten in verschiedenen Farbtönen gibt. Die wirtschaftlich wichtigste Art ist der Schlafmohn.

Die Schlafmohnpflanze wird ca. 70 bis 120 Zentimeter hoch und hat weiße bis lilaviolette Blüten. In den sich mit Poren öffnenden Kapseln der Pflanze werden große Mengen sehr kleiner, nierenförmiger, blauschwarzer *Samen* gebildet, die 40 bis 50 Prozent Öl enthalten. Gepresst liefern sie das hellgelbe Mohnöl. Bekannt ist Schlafmohn auch wegen seines Milchsafts, den man im getrockneten Zustand auch Opium nennt und den man durch Anritzen der noch unreifen Samenkapseln gewinnt. Er enthält mehrere Alkaloide, darunter Morphin und Kodein, die medizinisch genutzt werden. Die reifen Schlafmohnsamen verlieren diese Wirkung jedoch vollständig und wirken keinesfalls mehr narkotisierend.

Mohn ist eine uralte Kulturpflanze – wie Funde aus der Jungsteinzeit belegen – und stammt ursprünglich aus Kleinasien.

Heutzutage wird Schlafmohn vor allem in der Türkei, in Russland, China, Indien und im Irak angebaut.

Die verschiedenen Sorten

Im Handel gibt es verschiedene Mohnsorten. Eine davon ist der Dänische Blaumohn, eine alte Mohnsorte, die früher – wie der Name schon sagt – nur in Dänemark angebaut wurde.

Die Farbe dieses Mohns ist stahlblau, der Geschmack eher herb. Blaumohn gilt als die beste Sorte, da er sowohl in der Farbgebung als auch an Reinheit unübertroffen ist.

Neben dem Blaumohn gibt es auch Ungarischen Mohn, der in Ungarn, Tschechien und Slowakien angebaut wird.

Diese Mohnsorte hat eine dunklere Farbe und ist im Geschmack leicht süß. Er wird als preiswerte europäische Sorte gehandelt.

Im Unterschied dazu hat der Türkische Mohn eine weite Verbreitung durch das Osmanische Reich erfahren. Der Unterschied zum Europäischen Mohn liegt hauptsächlich in der Farbe. Der Türkische Mohn ist dunkel bis schwarz und schmeckt ebenfalls leicht süßlich.

Dieser Mohn wird ausschließlich zum Backen eingesetzt; zum einen, weil sich durch das Backen

Mohnklößchen in Aprikosensauce

Zutaten *(für 4 Portionen): 12 ungeschwefelte getrocknete Aprikosen ca. 1/4 l Apfelsaft • 300 ml Milch • 100 g gemahlener Mohn • 1 Päckchen Vanillezucker • 2 EL Honig • 1 Prise Delifruit • 40 g Butter 60 g Weizenvollkornmehl • 1 Ei • 1 Prise Meersalz*

Zubereitung

1 Die Aprikosen über Nacht im Apfelsaft einweichen.

2 Milch aufkochen, Mohn hineingeben und ca. 10 Minuten darin quellen lassen. Nach dem Abkühlen mit Vanillezucker, Honig und Delifruit abschmecken.

3 Butter erhitzen und Mehl einstreuen. Bei geringer Energiezufuhr ca. 5 Minuten lang rühren, dann Ei und Salz dazugeben.

4 Den Mohn unter den Teig mischen, aus dem Teig kleine Klößchen abstechen und in leicht kochendem Salzwasser etwa 10 Minuten lang garen.

5 Aprikosen aus dem Apfelsaft nehmen, abtropfen lassen, pürieren und zu den heißen Mohnklößchen servieren.

Käse-Mohn-Kartoffeln

Zutaten *(für 4 Portionen): 800 g Kartoffeln • 4 EL kaltgepresstes Sonnenblumen- oder Mohnöl • 100 g geriebener Emmentaler • schwarzer Pfeffer aus der Mühle • 4 EL Mohn • Hefewürze • 2 EL klein gehackter Schnittlauch*

Zubereitung

1 Kartoffeln waschen, der Länge nach durchschneiden und auf ein gefettetes Backblech setzen.

2 Die Schnittflächen mit Öl einpinseln und im vorgeheizten Backofen bei 225 °C (Gas Stufe 4–5) ca. 15 Minuten garen.

3 Käse, Pfeffer, Mohn und Hefewürze vermischen und auf den Schnittflächen der Kartoffeln verteilen. Bei 200 °C (Gas Stufe 3–4) nochmals ca. 10 Minuten überbacken. Anschließend mit Schnittlauch bestreuen.

seine Farbe nicht verändert, zum anderen, da sein Preis weit unter dem europäischer Sorten liegt. Der Nachteil dieser Sorte ist jedoch der große Kapselanteil im Mohn: braune Faserteile, die sich nur sehr schlecht herausreinigen lassen.

Empfehlenswerte Qualitäten

Herausragende Sorten sind Blaumohn »dänisch« stahlblau der 1. Qualität und Blaumohn »ungarisch« 1. Qualität.

Verwendung und Küchentipps

Mohnsamen werden meist fertig abgepackt verkauft. Ganzer Mohn ist ungefähr ein Jahr lang haltbar, gemahlener Mohn dagegen nur etwa vier Tage, und das auch nur im Kühlschrank mit luftdichter Verpackung.

Mohn sollte daher nie auf Vorrat gemahlen werden, da er schnell ranzig wird.

Zum Mahlen eignen sich Getreidemühlen mit Steinmahlwerk nicht, da der Mohn an den Steinen kleben bleibt und das Mahlwerk verstopft. Geeignet ist hingegen eine Kaffeemühle oder eine spezielle Mohnmühle. Wer keine solche Mühle hat, erhält im Reformhaus auf Wunsch frisch gemahlenen Mohn.

Mohn ist die typische Backzutat für Brot, Brötchen, Kuchen und Gebäck, wird aber auch gerne auf Süßspeisen und über herzhafte Kartoffel- und Gemüsegerichte gestreut. In manchen Gegenden in Deutschland ist es sogar Tradition, dass jeder Haushalt sein eigenes, geheimes Mohnkuchenrezept hat.

Der rot blühende Klatschmohn ist zwar mit dem Schlafmohn verwandt, kann aber nicht als Samenlieferant genutzt werden.

Mohnkuchen

Zutaten *(für ca. 20 Stücke): Für den Teig: 500 g Weizenmehl*
1 Päckchen Trockenhefe • 300 ml Milch • 3 EL Honig oder Vollzucker
1 Prise Meersalz • 1 Ei
Für den Belag: 750 g gemahlener Mohn • 1/2 l Milch • 1 Päckchen Va-
nillezucker • 250 g Vollzucker • 1 TL Zimt • Saft und Schale von 1 unbe-
handelten Zitrone • 150 g Weinbeeren • 150 g Mandelstifte

Zubereitung
1 Weizenmehl mit Trockenhefe mischen. Mit warmer Milch, Honig
oder Vollzucker, Meersalz und Ei verrühren, gut durchkneten.
Ca. 40 Minuten gehen lassen. Auf einem gefetteten Backblech
ausrollen und nochmals 20 Minuten gehen lassen.
2 Mohn mit Milch aufkochen und 15 Minuten quellen lassen.
3 Vanillezucker, Vollzucker, Zimt, Zitronensaft und -schale, Weinbeeren und Mandelstifte zugeben, verrühren. Die Masse auf dem
Teig verteilen und im vorgeheizten Backofen bei 180 bis 200 °C
(Gas Stufe 2–3) 30 bis 40 Minuten backen.

Mohn-Haselnuss-Flan

Zutaten *(für 6 Portionen): 1/4 l Milch • 50 g Grieß • 50 g frisch gemah-*
lener Mohn • 3 Eier • 1 Prise Meersalz • 2 EL Linden-Akazien-Honig
1 Prise echte Vanille • 1 EL grob gehackte Haselnüsse • 1 EL klein ge-
hacktes Orangeat

Zubereitung
1 Milch aufkochen, Grieß und Mohn einstreuen, kräftig 3 bis 5 Minuten unterrühren und kochen lassen.
2 Eier trennen. Meersalz, Honig, Vanille, Nüsse, Orangeat und Eigelbe unter die Grieß-Mohn-Masse rühren, ca. 10 Minuten quellen
lassen. Eiweiß zu Eischnee steif schlagen, unterheben und die
Masse in ausgefettete Förmchen füllen. Im vorgeheizten Backofen
bei 180 °C (Gas Stufe 2–3) ca. 40 Minuten garen. Mohnflan stürzen.
Tipp Dazu passt eine fruchtige Sauce, am besten aus Orangen.

Pekannüsse

Aussehen und Herkunft

Im Jahre 1846 legte ein Gärtner in den Südstaaten der USA den ersten Garten mit Pekannussbäumen zur kommerziellen Nutzung an.

Die Nüsse sind länglich und wiegen etwa zwischen 20 und 90 Gramm. Schon die Indianer schätzten die nahrhaften Kerne als Delikatesse und gaben ihr den Namen »Pakan«, was übersetzt »krachende Nuss« bedeutet. Heute stehen in den USA etwa 6,3 Millionen Bäume, von denen jeder pro Jahr zwischen 50 und 100 Kilogramm Nüsse liefert. Die USA sind auch der Haupterzeuger der Pekannüsse mit über 80 Prozent der Weltproduktion. Die Bäume werden in riesigen Plantagen kultiviert, und die Nüsse werden bei der Ernte (im Oktober) mit Hilfe mächtiger hydraulischer Greifarme vom Baum geschüttelt.

Die Schale der Pekannüsse ist dünn, glatt, gold- bis dunkelbraun und leicht zu zerdrücken. Sie ist die einzige Baumnuss, deren Öffnen kein Werkzeug erfordert. Ihr *Nusskern* ist etwas größer als der Walnusskern.

Es gibt verschiedene Sorten von Pekannüssen. Die Nüsse von wild wachsenden Bäumen heißen »Seedlings«; sie sind kleiner, aber besonders aromatisch. Nüsse kultivierter Sorten nennt man »Cultivated«; sie haben eine dünnere Schale und in der Regel einen höheren Kernertrag.

Pekannüsse müssen bei der Lagerung vor Feuchtigkeit, Wärme und Lichteinfluss geschützt werden. Am besten halten sie sich im tiefgefrorenen Zustand (bis zu zwei Jahre).

Nach Europa werden Nüsse in der Schale überwiegend gebleicht und poliert exportiert. Angeboten werden sie in der Schale, als Kern und in Stücken.

Empfehlenswerte Qualitäten

Qualitativ hochwertig sind große und gleichmäßige Früchte, deren braune Haut unbeschädigt sein sollte.

Der Geschmack der Pekannüsse ist mild, aromatisch und süßlichwürzig. Der Fettgehalt der Nüsse ist relativ hoch, fast vergleichbar mit Macadamianüssen.

Verwendung und Küchentipps

Pekannüsse sind ideal zum Backen; sie eignen sich besonders für feine Plätzchen und Kuchen. Leicht angeröstet schmecken sie als Zugabe in Müslis, in Desserts, in Eis und in Snacks. Sie passen aber ebenfalls gut zu pikanten Gerichten.

Pekannusstörtchen

Zutaten *(für 12 Törtchen): Für den Teig: 100 g Quark (20 % F. i. T.)*
100 g weiche Butter oder Margarine • 1 Ei • 125 g Vollkornmehl
etwas Meersalz • Fett für die Förmchen
Für den Belag: 150 g grob gehackte Pekannüsse • 150 g Vollzucker
4 Eigelbe • 100 g Sahne • 1 Prise echte Vanille • 1 Prise Meersalz

Zubereitung
1 Aus Quark, Butter oder Margarine, Ei, Vollkornmehl und Meersalz einen Teig kneten. Den Teig im Kühlschrank etwa 1 Stunde
lang ruhen lassen.
2 12 kleine Tortenförmchen einfetten und mit dem Teig auslegen.
Mit Pekannüssen ausstreuen.
3 Vollzucker im Mixer zerkleinern, mit Eigelben, Sahne, Vanille und
Meersalz verrühren und das Ganze über den Nüssen verteilen. Im
vorgeheizten Backofen bei 180 °C (Gas Stufe 2) 20 bis 25 Minuten
backen.

Traubensalat mit Pekannüssen

Zutaten *(für 4 Portionen): 750 g möglichst kernlose, frische Weintrauben*
125 g Weinbeeren • Saft und abgeriebene Schale von 1 unbehandelten
Zitrone • 1 EL milder Honig • 1 EL kaltgepresstes Walnussöl • 2 EL grob
gehackte Pekannüsse • 1 Zweig Zitronenmelisse • eventuell Weinblätter
zum Garnieren

Zubereitung
1 Die frischen Weintrauben halbieren; die Kerne, die eventuell im
Fruchtfleisch vorhanden sind, entfernen. Die getrockneten Weinbeeren mit Zitronensaft beträufeln und etwa 1/2 Stunde lang gut
durchziehen lassen.
2 Weintrauben und Weinbeeren mit Zitronenschale, Honig und
Walnussöl vermischen, mit den grob gehackten Pekannüssen bestreuen und mit Zitronenmelisse garnieren. Zum Servieren auf
Weinblättern anrichten.

Pinienkerne

Aussehen und Herkunft

Pinienkerne stammen von der bis zu 30 Meter hohen, wild wachsenden Pinie. Botanisch handelt es sich um die Samen des Pinienzapfens. Die Zapfen brauchen ca. drei Jahre, um sich vollständig zu entwickeln. Erst im Alter von 19 Jahren trägt die Pinie so viele Zapfen, dass sich die Ernte lohnt. Pinien wachsen im Mittelmeerraum, in Portugal, China, Pakistan und in den USA. Die Pinienzapfen werden im Winter eingesammelt oder mit Stangen abgeschlagen und bis zum Sommer gelagert. Dann werden sie in die Sonne gelegt, damit sich die Zapfen durch das Trocknen öffnen und sich die *Samen* ohne Schwierigkeit herauslösen. Danach werden sie geschält und für den Verkauf verpackt.

Der Ernteertrag von vier Prozent pro Zapfengewicht sowie die hohen Qualitätskriterien, was Geschmack, Größe und Farbe angeht, halten das Angebot niedrig und bewirken den hohen Preis.

Empfehlenswerte Qualitäten

Besonders gut sind Pinienkerne aus Portugal, die besonders hell und ebenmäßig sind und nur wenig Bruch enthalten.

Frische Pinienkerne haben einen süßlichen Geschmack, ein feinzartes Aroma und eine weiche Konsistenz.

Verwendung und Küchentipps

Ihr volles Aroma entwickeln Pinienkerne erst, wenn man sie kurz anröstet oder brät. Hierbei muss man sie jedoch gut im Auge behalten, da sie rasch dunkel werden und dann nicht mehr schmecken.

Das bekannteste Rezept mit Pinienkernen ist sicher »Pesto alla genovese«, eine dicke Paste aus Pinienkernen, Basilikum, Parmesan, Knoblauch und Olivenöl – alle Zutaten im Mörser fein miteinander zerstampft. Darüber hinaus gibt es noch viele andere südländische Pinienrezepte: von Gemüse und köstlichen Fruchtsaucen bis zu herzhaften Kuchen und feinen Desserts.

In Sizilien werden Pinienkerne mit Rosinen und gewürfelten Auberginen zubereitet, mit Balsamicoessig abgeschmeckt und als Beilage zu Fisch oder Fleisch serviert. Wunderbar schmecken angeröstete Pinienkerne zu grünen Blattsalaten, fein geriebener Frischkost wie Möhren, Kohlrabi oder Fenchel, zu gedünstetem Spinat in Kombination mit Weinbeeren, über Gemüsegratins gestreut und zu vielen Desserts.

Pinienkuchen

Zutaten *(für ca. 16 Stücke): 1/2 l Milch • 2 Päckchen Vanillezucker 250 g altbackenes Brot • 100 g Zwieback • 3 Eier • 1 Prise Meersalz 120 g Vollzucker oder Ursüße • abgeriebene Schale von 1 unbehandelten Zitrone • je 50 g fein gehacktes Orangeat und Zitronat • 80 g Weinbeeren • 100 g gemahlene Mandeln • 1 Prise Nelkenpulver • 1 TL Zimt 100 g geraspelte dunkle Schokolade • Fett für die Form • 3 EL Vollkornsemmelbrösel • 50 g Pinienkerne*

Zubereitung

1 Milch mit Vanillezucker mischen, über das Brot gießen, den zerkleinerten Zwieback dazugeben und zugedeckt ca. 2 Stunden stehen lassen. Die Masse dann durch ein Sieb streichen.
2 Eier, Salz und Zucker zu einer cremigen Masse aufschlagen und die restlichen Zutaten außer den Semmelbröseln und den Pinienkernen zugeben. Brotmasse untermischen und alles zu einem Teig verarbeiten. Eine Springform ausfetten, mit Vollkornsemmelbröseln ausstreuen, den Teig einfüllen und mit Pinienkernen bestreuen.
3 Bei 180 °C (Gas Stufe 2–3) ca. 60 bis 70 Minuten backen.

Auberginen süß-pikant

Zutaten *(für 4–6 Portionen): 150 g Linsen • 1 1/2 l Wasser • Meersalz 1 Zwiebel • 2 Knoblauchzehen • 2 Auberginen • 4 EL kaltgepresstes Olivenöl • 50 g Kapern • 150 g Weinbeeren • 6–8 EL Balsamicoessig 2 EL Vollzucker oder Ursüße • Meersalz • schwarzer Pfeffer • 1 Lorbeerblatt • 50 g geröstete Pinienkerne*

Zubereitung

1 Linsen 1 bis 2 Stunden in Wasser einweichen. In Salzwasser ca. 20 Minuten kochen. Abtropfen lassen. Zwiebel und Knoblauch abziehen und zusammen mit den Auberginen würfeln.
2 In Olivenöl andünsten. Die restlichen Zutaten bis auf die Pinienkerne zugeben und 15 Minuten dünsten. Linsen zugeben, nochmals aufkochen, Lorbeerblatt entfernen. Pinienkerne darüber geben.

Pistazien

Aussehen und Herkunft

Pistazien sind die kleinen, rundlich-ovalen Steinfrüchte der echten Pistazie (Pistacia vera): ein Strauch oder zehn Meter hoher Baum. Die Pistazie ist äußerst widerstandsfähig, verträgt große Trockenheit und Frost. Erst nach etwa 20 Jahren erreicht ein Baum seinen maximalen Ernteertrag. Zweimal pro Jahre trägt er Früchte, die an traubenähnlichen Dolden wachsen.

Pistazien spielten bereits in den vorderasiatischen Hochkulturen eine wichtige Rolle und werden auch in der Schöpfungsgeschichte der Bibel erwähnt. Alexander der Große entdeckte sie für Griechenland, und die Römer brachten sie nach Sizilien.

Die Pistazie ist im Iran und in Syrien heimisch und wird heute vor allem in Südeuropa und Nordafrika angebaut. Hauptlieferanten für den deutschen Markt sind der Iran und Kalifornien. Kleinere Mengen kommen auch aus Italien und der Türkei.

Die Erntezeit ist im September, danach werden die *Pistazienkerne* von Hand oder maschinell von den Bäumen geschüttelt und vom Boden aufgesammelt. Danach werden sie mehrfach sortiert; so wird nicht nur eine gleichmäßige Schalenfarbe, sondern auch die durchgängig gleichmäßige Größe und Öffnung der Schale garantiert. Angeboten werden Pistazien ungeschält mit nur leicht geöffneter Schale, geschält, geröstet und gesalzen.

Empfehlenswerte Qualitäten

Besonders schmackhaft sind Pistazien aus dem Iran. Im Reformhaus wird die Ware regelmäßig auf Aflatoxine (Pilzgifte) untersucht.

Die Pistazie hat einen ganz typischen Geschmack: Er erinnert ein wenig an den Geschmack von Mandeln, ist mild-aromatisch und leicht süßlich.

Verwendung und Küchentipps

Um Pistazien von ihrer bräunlichen Haut zu befreien, übergießt man sie mit heißem Wasser und lässt sie kurze Zeit stehen. Danach lässt sich die Haut einfach abreiben. Zum Trocknen und leichten Anrösten können sie bei 180 °C (Gas Stufe 2–3) ca. 6 bis 8 Minuten in den Ofen geschoben werden.

Die kleinen Kerne passen sehr gut zu Obstsalaten, Müslis und Kuchen, verfeinern aber auch herzhafte Gerichten, wie z. B. Pilaws, verschiedene Nudelgerichte, Füllungen und Pasteten.

Hagebutteneis mit Pistazien

Zutaten *(für 4–6 Portionen): 2 Becher Sanoghurt (3,5 % F. i. T.)*
150 –200 g Hagebuttenmus (aus dem Reformhaus) • Schale von 1 unbe-
handelten Orange • 2 EL Orangensaft • 1 Prise Delifruit • 150 g Sahne
2 EL klein gehackte Pistazien

Zubereitung
1 Sanoghurt, Hagebuttenmus, abgeriebene Orangenschale, Orangensaft und Delifruit verrühren. Im Tiefkühlfach für kurze Zeit anfrieren lassen.
2 In der Zwischenzeit Sahne steif schlagen, unter die Eismasse
heben und nochmals 2 bis 3 Stunden im Tiefkühlfach anfrieren
lassen. Danach alles nochmals durchrühren und den Vorgang
wiederholen.
3 Ca. 10 Minuten vor dem Servieren aus dem Tiefkühlfach nehmen
und mit den Pistazien bestreuen.

Feine Ingwerplätzchen mit Pistazien

Zutaten *(für ca. 30 Stück): 225 g fein gemahlenes Weizenvollkornmehl*
1 TL Weinsteinbackpulver • 3 EL Honig • 1 Ei • 1 Eiweiß • 1 EL gemahle-
ner Ingwer • abgeriebene Schale von 1 unbehandelten Orange • 100 g kal-
te Butter • 1 Eigelb zum Bestreichen • Pistazien zum Garnieren

Zubereitung
1 Mehl und Backpulver mischen, auf ein Backbrett geben. Honig,
Ei, Eiweiß, Ingwer und Orangenschale zugeben, auf dem Rand die
in Flöckchen zerteilte Butter verteilen. Von außen nach innen alles
zu einem geschmeidigen Teig verkneten.
2 Den Teig in Folie gewickelt ca. 30 Minuten kühl stellen, dann
portionsweise zwischen 2 Folienstücken dünn ausrollen und Plätzchen ausstechen. Mit Eigelb bestreichen und mit klein gehackten
Pistazien verzieren.
3 Im vorgeheizten Backofen bei 180 °C (Gas Stufe 2–3) ca. 15 Minuten lang backen.

Sesam

Aussehen und Herkunft

Die Sesampflanze, aus der die Samen gewonnen werden, gehört zur Familie der Pedaliaceae. Sie ist eine einjährige Pflanze und erreicht in nur drei bis fünf Monaten eine Höhe von etwa zwei Meter.

Ihre Blätter sind groß; die Blüten erinnern an Glockenblumen, sind jedoch trüb weinrot oder weiß gefärbt. Aus den Blüten entwickeln sich große Kapseln, die unzählige der flachen Sesamsamen enthalten.

Sesam wurde schon vor mehr als 3000 Jahren in Mesopotamien kultiviert. Das älteste Dokument, in dem Sesam erwähnt wird, ist 4000 Jahre alt. Es stammt aus der Gegend zwischen Euphrat und Tigris, der Urheimat des Sesams, und zeigt einen Bäcker, der Sesamsamen in seinen Teig einrührt.

Sesam wächst heute in allen regenarmen, heißen Zonen rund um den Äquator. China, Indien, Myanmar (Birma) und der Sudan sind die wichtigsten Anbauländer für Sesam.

Bei der Ernte werden die Stiele maschinell oder von Hand geschnitten und gebündelt, in die Sonne gestellt und etwa 15 bis 20 Tage lang getrocknet.

Nach der Trocknungszeit wird gedroschen. Danach werden die Körner abgesiebt. Die Rohware wird gereinigt und abgepackt. Der am häufigsten verwendete *Sesamsamen* wird geschält im Handel angeboten (als so genannter weißer Sesam).

Im Handel gibt es jedoch auch ungeschälten braunen, geschälten hellbeigen und gerösteten Sesam.

Empfehlenswerte Qualitäten

Am wertvollsten sind in Mittelamerika ökologisch angebaute Sesamsamen, die im Reformhaus erhältlich sind.

Der Geschmack von Sesam ist lieblich und intensiv. Helle, geschälte Körner schmecken leicht nussig, der ungeschälte Sesam etwas bitter. Geröstet sind beide Arten besonders aromatisch.

Gesund sind Sesamsamen aufgrund ihrer bioaktiven Substanzen wie z. B. Phytosterinen, Selen und Kalzium, die in großer Menge vorkommen.

Ungeschälter Sesam ist für den menschlichen Organismus weniger wertvoll als geschälter, da die Oxalsäure aus den Randschichten die Resorption der Mineralstoffe beeinträchtigt.

Doch Sesamsamen werden auch wegen ihres hohen Ölgehalts geschätzt; das Öl eignet sich nicht

Spinatsoufflé mit Sesamkruste

Zutaten *(für 4 Portionen): 250 g Blattspinat • 20 g Butter oder ungehärtete Pflanzenmargarine • 1 mittelgroße Zwiebel • 2 EL Crème fraîche schwarzer Pfeffer aus der Mühle • Meersalz • Muskat • 2 Eigelbe • 4 Eiweiße • 1 EL Weizenmehl • 3 EL ohne Fett angerösteter Sesam*

Zubereitung

1 Spinat waschen, grobe Stiele entfernen. Fett erwärmen, gehackte Zwiebel darin glasig dünsten. Spinat nass zugeben, den Topf schließen und nach ca. 3 Minuten Crème fraîche zugeben. Mit Pfeffer, Salz und Muskat würzen.

2 Spinat pürieren, Eigelbe einrühren. Eiweiß zu Eischnee steif schlagen und unterheben.

3 Kleine Souffléförmchen ausfetten, mit Mehl und einem Teil des Sesams ausstreuen. Spinatmasse einfüllen und mit dem restlichen Sesam bestreuen. Im vorgeheizten Backofen bei 180 bis 200 °C (Gas Stufe 2–3) ca. 20 Minuten backen. Sofort servieren.

Sesam-Bohnen-Pfanne

Zutaten *(für 4 Portionen): 1 große Zwiebel • 2 Knoblauchzehen 400 g Kartoffeln • 750 g grüne Bohnen • 2 EL kaltgepresstes Olivenöl 1/4 l Gemüsebrühe (Extrakt) • 4 Fleischtomaten • Meersalz • schwarzer Pfeffer • Cayennepfeffer • 1 EL Honig • Kreuzkümmel • 3–4 EL leicht angerösteter Sesam • 1 Bund glatte Petersilie*

Zubereitung

1 Zwiebel und Knoblauch abziehen und in kleine Würfel schneiden. Kartoffeln schälen, in große Würfel schneiden. Bohnen waschen, Enden abschneiden und halbieren. Alles in Olivenöl anbraten. Mit Gemüsebrühe ablöschen und ca. 20 Minuten garen.

2 Tomaten abziehen und in kleine Stücke schneiden. Zu den Bohnen geben. Ca. 10 Minuten schmoren, mit Salz, Pfeffer, Cayennepfeffer, Honig und Kreuzkümmel würzen. Vor dem Servieren Sesam und gehackte Petersilie darüber streuen.

nur als Speiseöl, sondern ist zugleich auch ein hervorragendes Massageöl.

Die Samen enthalten etwa 45 bis 60 Prozent Fett. Das bernsteinfarbene bis gelbliche, dickflüssige Öl ist reich an essenziellen Fettsäuren und lange haltbar.

Verwendung und Küchentipps

Sesam ist ein beliebtes Nahrungsmittel, vor allem in orientalischen und afrikanischen Ländern. Auch in der mediterranen Küche wird Sesam geschätzt. Die Samen eignen sich als Backzutat von Brot und Brötchen, Kuchen und Waffeln und schmecken in Obstsalaten, Grützen und Müslis. Beliebt sind Sesamschnitten, süß und pikant, und gemahlener Sesam als Würze, in Kombination mit Salz, Gomasio und der Sesampaste Tahina. Gemischt mit Salz, Pfeffer und Zitronensaft, ist Sesam ein schmackhaftes Würzmittel für Reis, Nudeln und Aufläufe. Ebenso köstlich sind fein gemahlene Sesamsamen als Panade für Tofu, Gemüseschnitzel und Bratlinge. Geröstet passen sie hervorragend zu Salaten oder als Suppeneinlage.

Zum Rösten wird Sesam unter ständigem Rühren ohne Fett in der Pfanne geröstet, bis er nussartig duftet.

Bei Kindern sind Sesampasten vor allem als Brotaufstrich sehr beliebt. Dazu müssen Sie einfach Sesam mit Honig pürieren und mit Vanille und wenig Zitronensaft abschmecken. Diese Paste hält sich im Kühlschrank mehrere Tage lang.

Brot oder Brötchen mit Sesam passen ausgezeichnet zu herzhaften Salaten und Dips.

Apfel-Sesam-Pancakes

Zutaten *(für 12 Stück): 125 g Weizenvollkornmehl • 3 Eier*
200 ml Milch • 2 EL Vollzucker • 1 Päckchen Vanillezucker
1/2 TL Zimt • 4 frische Äpfel • Saft von 1 Zitrone • Pflanzenfett
zum Braten • 2 EL Sesam • 4 EL Ahornsirup

Zubereitung
1 Mehl, Eier, Milch, Zucker, Vanillezucker und Zimt miteinander
verrühren.
2 Äpfel schälen, vierteln und in dünne Scheiben schneiden. Mit
Zitronensaft beträufeln. Äpfel zum Teig geben und gut miteinander
vermischen.
3 Fett erhitzen, mit einem Löffel jeweils 1 Portion in die Pfanne geben, mit Sesam bestreuen und goldgelb backen.
4 Mit Ahornsirup beträufeln.

Sesamwaffeln

Zutaten *(für 6–8 Waffeln): 180 g sehr fein gemahlenes Weizenvollkorn-*
mehl • 100 g Sesam • 1/2 Päckchen Trockenhefe • 1 Prise Meersalz
100 g flüssige Butter • 2–3 Eier • ca. 150 ml Milch • 2–3 EL flüssiger
Honig • abgeriebene Schale von 1 unbehandelten Zitrone

Zubereitung
1 Weizenmehl, die Hälfte des Sesams, Trockenhefe, Salz, Butter,
Eier, Milch, Honig und Zitronenschale zu einem nicht zu dünnen,
aber noch flüssigen Teig verrühren. 20 bis 30 Minuten ausquellen
lassen. Sollte der Teig jedoch zu dick sein, noch etwas Milch dazugeben.
2 Waffeleisen vorheizen, einfetten und mit den restlichen Sesam-
körnern bestreuen.
3 Teig mit einer Schöpfkelle hineingeben und die Waffeln ca. 5 bis
7 Minuten auf mittlerer Stufe backen. Anschließend Waffeln nebeneinander auf ein Kuchengitter legen, nicht aufeinander, da sie
sonst zusammenkleben. Sofort servieren.

Sonnenblumen- kerne

Aussehen und Herkunft

Die Sonnenblume gehört in die Familie der Korbblütler und ist eine einjährige Pflanze. Ihr lateinischer Name »Helianthus« setzt sich aus den griechischen Wörtern »helios« (Sonne) und »anthos« (Blüte) zusammen. Ihren Namen erhielt sie, weil sie mit ihrem Blütenstand dem Lauf der Sonne folgt.

Die Gattung der Helianthus umfasst mehr als 100 verschiedene Arten. Nur zwei davon werden jedoch zu den Sonnenblumen gezählt: die ölhaltige russische Sorte, deren Samen über 40 Prozent Öl enthalten können, und die nordamerikanische Sorte, die kaum Öl enthält und deren Samen vor allem als Nahrungsmittel genutzt werden.

Einige hoch wachsende Sorten können bis zu drei Meter hoch werden. Die großen, einzeln stehenden Blütenstände, die in der Regel einen Durchmesser von etwa 20 bis 50 Zentimeter haben, bestehen aus gelben Strahlenblüten (mit jeweils bis zu 20 000 nebeneinander angeordneten Blüten) und einer Blütenscheibe (Capitula) von entweder gelben, braunen oder violetten Blüten.

Aus ihnen entwickeln sich – je nach Sorte – graugrüne oder schwarze Samen, die eine dünne grauschwarze Schale mit weißen Streifen haben.

Die Pflanzen werden als Garten- zierpflanzen, vor allem aber wegen ihrer Samen angepflanzt. Die Samen sind als *Sonnenblumen- kerne* oder gepresst als Sonnenblumenöl im Handel.

Seit dem 16. Jahrhundert, als die Spanier die Sonnenblumen aus der Neuen Welt mit nach Europa brachten, werden die Blumen auf allen Kontinenten angepflanzt. Ihre Hauptanbaugebiete liegen jedoch in ihrer traditionellen Heimat, den USA, in den Staaten der ehemaligen Sowjetunion, Argentinien, Frankreich, China und Spanien.

Die Fruchtstände werden maschinell geerntet und anschließend gedroschen. Die Kerne werden maschinell geschält.

Empfehlenswerte Qualitäten

Die besten Sonnenblumenkerne kommen aus Argentinien und aus ausgesuchten Gebieten der USA, wo sie auf unbelasteten Böden wachsen. Zu bevorzugen sind die Sorten aus dem Reformhaus. Die besonders großen und aromatischen Kerne werden mechanisch geschält, wobei die Inhaltsstoffe erhalten bleiben.

Ananassalat mit Sonnenblumenkernen

Zutaten *(für 4–6 Portionen): 1 frische große Ananas • abgeriebene Schale von 1 unbehandelten Orange • 5 EL Zitronensaft • 100 ml Orangensaft • 50 g brauner Zucker • 2 Pimentkörner • 1/2 TL Aniskörner 5 EL Mangovollfrucht • 100 g Sonnenblumenkerne • 4 Stängel frische Pfefferminze*

Zubereitung

1 Ananas schälen, halbieren, den Strunk herausschneiden und das Fruchtfleisch in gleichmäßig kleine Stücke schneiden. Mit abgeriebener Orangenschale mischen.

2 Zitronensaft, Orangensaft, Zucker, Piment und Anis aufkochen. Ohne Deckel einige Minuten kochen lassen, durch ein Sieb gießen.

3 Die Ananasstücke mit Orangensaft und Mangovollfrucht vermengen. 30 Minuten durchziehen lassen.

4 Sonnenblumenkerne ohne Fett leicht anrösten, anschließend zu dem Ananassalat geben und mit Minzblättern garnieren.

Vitalmüsli mit Sonnenblumenkernen

Zutaten *(für 2 Portionen): 6 EL Weizenschrot • 5 EL Buttermilch 300 g Sanoghurt • abgeriebene Schale von 1 Zitrone • 1 EL Honig 1 mittelgroßer Apfel • 1 Banane • 2 EL Sonnenblumenkerne*

Zubereitung

1 Weizenschrot ca. 2 Stunden in der Buttermilch einweichen, mit Sanoghurt, Zitronenschale und Honig verrühren.

2 Apfel grob reiben, Banane in kleine Stücke schneiden und die Früchte gut mit dem gequollenen und gewürzten Weizenschrot vermengen.

3 Sonnenblumenkerne ohne Fett kurz in der Pfanne anrösten und anschließend über das Müsli streuen.

Tipp Statt des Apfels und der Banane können Sie je nach Jahreszeit und Appetit auch anderes Obst verwenden, z. B. Aprikosen, Feigen oder Datteln.

Sonnenblumenkerne

Der Geschmack von Sonnenblumenkernen ist fein aromatisch und leicht süßlich. Sie ähneln geschmacklich den Nüssen, sind jedoch preiswerter und kalorienärmer. Angeröstet schmecken sie besonders intensiv und delikat. Sonnenblumenkerne werden geschält, abgepackt oder als lose Ware angeboten.

Sonnenblumenkerne haben einen hohen Gehalt an mehrfach ungesättigten Fettsäuren, einen hohen Ballaststoff- und einen hohen Vitamingehalt, z. B. an Vitamin B1, Niazin und Vitamin E, sowie viele Mineralstoffe, vor allem Magnesium und Eisen.

Verwendung und Küchentipps

Sonnenblumenkerne kann man ganz, gehackt oder gemahlen verwenden.

Sie passen zu vielen Gerichten und steigern deren Nährwert, da sie sehr viel Eiweiß enthalten. Gemahlen und mit Mehl vermischt, sind sie ideal zum Backen von Brot und Brötchen geeignet. Im morgendlichen Müsli sind sie besonders wertvoll.

Ohne Fett leicht angeröstet, schmecken sie zu Salaten und Suppen. Dazu rührt man sie einige Minuten lang bei mittlerer Hitze in einer Pfanne.

Besonders köstlich sind Sonnenblumenkerne auch als Kruste, mit Käse gemischt, auf Gemüse oder Kartoffelgerichten.

Sonnenblumenkerne eignen sich ebenfalls zum Keimen. In einem speziellen Keimapparat werden sie über Nacht in Wasser eingeweicht. Danach keimen sie ca. zwei bis drei Tage lang.

Sonnenblumenkerne haben sich aufgrund ihres hohen Kaliumgehalts vor allem bei zu hohem Blutdruck bewährt.

Sonnenblumenbrot

Zutaten *1 Päckchen Trockenhefe • 1 TL brauner Zucker • 1/2 l warmes Wasser • 500 g Weizenmehl (Type 1050) • 2 gestrichene TL Meersalz 100 g Sonnenblumenkerne • Milch zum Bestreichen*

Zubereitung

1 Hefe mit Zucker und einem Teil Wasser verrühren. An einem warmen Ort 15 Minuten gehen lassen.

2 Vorteig mit dem restlichen Wasser, Mehl, Salz und einem Teil der Sonnenblumenkerne verkneten, bis der Teig sich vom Schüsselrand löst. An einem warmen Ort nochmals 30 Minuten gehen lassen.

3 Teig durchkneten und einen ovalen Laib formen. Mit Milch bestreichen und mit den restlichen Sonnenblumenkernen bestreuen. Nochmals 30 Minuten gehen lassen. Im vorgeheizten Backofen bei 200 °C (Gas Stufe 3–4) ca. 50 Minuten backen.

Bohnensalat in Tofudressing

Zutaten *(für 4 Portionen): 200 g getrocknete weiße Bohnen • 1 l Gemüsebrühe aus Extrakt • 2 mittelgroße rote Zwiebeln • 1 rote Paprikaschote 12 schwarze Oliven • 125 g Tofu • Saft von 1/2 Zitrone • 1 EL Rotweinessig • 6 EL kaltgepresstes Olivenöl • 3 Knoblauchzehen • Hefestreuwürze • 1/2 TL Honig • 1/2 Bund Basilikum • 2 EL leicht angeröstete Sonnenblumenkerne*

Zubereitung

1 Bohnen über Nacht einweichen.

2 In Gemüsebrühe ca. 40 Minuten garen. Abtropfen lassen. Zwiebeln abziehen und in feine Ringe schneiden, Paprika entkernen, ebenfalls in dünne Scheiben schneiden. Oliven entkernen.

3 Tofu mit Zitronensaft, Essig und Olivenöl pürieren. Mit durchgepresstem Knoblauch, Hefestreuwürze und Honig abschmecken. Alles miteinander vermischen, ca. 30 Minuten durchziehen lassen. Mit Basilikum und Sonnenblumenkernen bestreuen.

Walnüsse

Aussehen und Herkunft

Walnüsse sind Früchte des bis zu 30 Meter hohen Walnussbaums, der erst nach fünf bis acht Jahren zum ersten Mal Früchte trägt und bis zu 100 Jahre alt werden kann. Vor der Reife sind die Nüsse am Baum von einer grünen, fleischigen äußeren Fruchtschale eingeschlossen, die bei der Reife aufplatzt und abfällt.

Der in die Nussschale eingeschlossene Samenkern ist von einer dünnen Samenhaut umgeben und durch Scheidewände geteilt.

Die Römer sorgten für die Verbreitung der Walnuss in Europa; durch die Spanier gelangte sie dann nach Amerika.

Eine der bekanntesten Sorten unter den Walnussarten ist die »Juglans regia«, auch als englische Walnuss bezeichnet, die aus Südosteuropa und Westasien stammt. Sie wird bis zu 400 Jahre alt und bis zu 24 Meter hoch. Der Walnussbaum ist heute in Südeuropa und Zentralasien bis China heimisch und wird auch in Deutschland kultiviert. Hauptlieferanten sind Frankreich, die USA und China.

Die *Walnusskerne* werden nach der Ernte von September bis November maschinell von ihrer lederartigen Schale befreit, in Wasser gewaschen und an der Luft oder in Trockenkammern getrocknet. Dabei verlieren sie fast die Hälfte ihres Gewichts. Üblich ist auch eine Begasung mit Methylbromid und die Bleichung der Schalen.

Empfehlenswerte Qualitäten

Eine Spitzenstellung unter den Walnüssen nimmt die »Grenoble« aus Frankreich ein. Sie hat einen hellen Kern und einen sehr feinen Geschmack.

Auch kalifornische Nüsse sind qualitativ hochwertig, wie beispielsweise die »Jumbo Hartley«, eine ungebleichte, besonders große und köstliche Walnuss. Ungebleichte Walnüsse mit Schale aus Frankreich sind ebenfalls zu empfehlen. Auch sie haben fein schmeckende, sehr helle Kerne, die sich wegen der dünnen Wände leicht aus der Schale lösen lassen.

Walnüsse aus ökologischem Anbau werden in speziellen Hochlagen bei Grenoble in Frankreich angebaut. Somit ist ausgeschlossen, dass sie mit Pestiziden in Kontakt kommen, die auf den in den Tälern gelegenen großen Plantagen regelmäßig gespritzt werden. Durch die höhere Lage werden die Walnüsse allerdings erst später reif. Nach der Ernte

Spaghetti mit Walnusssauce

Zutaten *(für 4 Portionen): 600–800 g Vollkornspaghetti • Meersalz 100 g Walnüsse • 6–8 EL kaltgepresstes Walnuss- oder Sonnenblumenöl weißer Pfeffer • 4 EL Weißwein • 2 Tomaten*

Zubereitung

1 Die Spaghetti in reichlich Salzwasser ca. 8 bis 10 Minuten al dente kochen, abgießen.

2 Walnüsse mit dem Mörser oder einem großen Messer zerquetschen. In heißem Öl kurz anrösten. Die heißen Nudeln zugeben, darin schwenken und mit Meersalz, Pfeffer und Weißwein abschmecken.

3 Tomaten enthäuten, Kerne entfernen und das Fleisch in kleine Würfel schneiden. Die Würfel über die Spaghetti streuen.

Lebkuchen

Zutaten *(für ca. 20 Stück): 3 Eier • 100 ml Rübensirup • 150 g flüssiger Honig • 150 g geriebene Walnüsse • 150 g geriebene Haselnüsse 50 g fein gehacktes Zitronat • 20 g fein gehacktes Orangeat • 2 TL Zimt 1/2 TL Nelken • 1/2 TL Kardamom • 1/4 l Milch • 350 g Weizenvollkornmehl • 150 g Roggenvollkornmehl • Mandeln zum Garnieren*

Zubereitung

1 Eier mit Rübensirup und Honig verrühren. Walnüsse, Haselnüsse, Zitronat, Orangeat, Gewürze und Milch zugeben. Weizen- und Roggenmehl zugeben, verrühren und mit der Hand verkneten. Der Teig sollte nicht zu fest sein, da er in 1 Tag Aufbewahrungszeit im Kühlschrank noch Flüssigkeit abgibt.

2 Am nächsten Tag den Teig auf einem mit Backpapier ausgelegten Backblech ausrollen (ca. 1 Zentimeter dick) und mit Mandeln garnieren.

3 Etwa 20 Minuten bei 180 °C backen und dann in Vierecke oder Rauten schneiden. Aus dem Teig können vor dem Backen auch Figuren ausgestochen werden.

werden sie auch nicht mit Heißluft, sondern auf Netzen luftgetrocknet. Aufgrund der späteren Reifung und der längeren Trocknung sind sie erst ab Anfang November lieferbar. Sie werden weder gebleicht noch nachgereift. Der Geschmack von Walnüssen ist kräftig süß und leicht herb. Ihr Fettgehalt ist relativ hoch. Gesund sind Walnüsse vor allem wegen ihres hohen Gehalts an mehrfach ungesättigten Fettsäuren und bioaktiven Substanzen, die das Darmkrebsrisiko verringern und den Cholesterinspiegel senken. Zu diesen Substanzen zählt z. B. das Phytosterin. Die in den Nüssen enthaltene Phenolsäure hemmt das Wachstum von Bakterien und Viren und schützt vor schädlichen Oxidationen und vor Herzinfarkt.

Verwendung und Küchentipps

Früchte, die grün und in unreifem Zustand geerntet werden, legt man in eine Weinessig-Zucker-Lösung ein; sie werden als Beilage gegessen oder auch zur Likörherstellung verwendet. Walnüsse schmecken ebenso gut in Desserts, Eis und Parfaits wie in pikanten Gerichten. Grob gehackte Walnüsse, ohne Fett leicht angeröstet, über Wintersalate gestreut oder mit Käse- und Rucolasalat gemischt, sind ein kulinarischer Hochgenuss. Auch als Saucenzutat zu Nudel- oder Fleischgerichten, als Panade für Tofu und zum Überbacken von Gemüse sind sie ideal.

Nüsse mit Schale halten sich fest verschlossen zwei bis drei Monate; Walnusskerne sollten kühl gelagert werden.

Walnüsse sind gesund: Sie enthalten wertvolle Inhaltsstoffe und regen die Darmtätigkeit an.

Obstsalat mit Walnüssen und Zimtschaum

Zutaten *(für 4 Portionen):* 5 Datteln • 4 getrocknete Feigen • 2 frische Birnen • 2 frische Äpfel • 100 g Walnusskerne • Saft von 1 unbehandelten Zitrone • 2 Eigelbe • 2 EL Vollzucker oder Ursüße (aus dem Reformhaus) • 75 ml trockener Weißwein aus biologischem Anbau 1/2 TL Zimtpulver • 2 EL Crème fraîche

Zubereitung
1 Die Datteln entkernen und zusammen mit den Feigen in dünne Streifen schneiden. Birnen und Äpfel waschen, Kerngehäuse entfernen und das Fruchtfleisch in Spalten schneiden. Die Walnüsse fein hacken und unter die Früchte mischen.
2 Die Früchte-Nuss-Mischung in 4 Dessertschalen anrichten und mit Zitronensaft beträufeln.
3 Eigelbe und Vollzucker oder Ursüße verrühren und mit dem Weißwein direkt im Topf oder über dem kochenden Wasserbad cremig aufschlagen. Darauf achten, dass der Weinschaum nicht kocht! Zum Schluss Zimt und Crème fraîche zugeben und heiß über den Obstsalat verteilen.

Walnuss-Mokka-Parfait

Zutaten *(für 4–6 Portionen):* 3 Eier • 2 EL löslicher Kaffee 2–3 EL Ahornsirup • 150 g Sahne • 100 g grob gehackte Walnüsse

Zubereitung
1 Eier trennen. Eigelbe, löslichen Kaffee und Ahornsirup zu einer Creme verrühren. Eiweiß und Sahne steif schlagen. Alles vorsichtig vermengen. Masse ca. 2 Stunden tiefkühlen, dann mit einem elektrischen Handrührgerät kräftig durchrühren. Diesen Vorgang 2- bis 3-mal wiederholen.
2 Die Walnüsse in einer Pfanne ohne Fett leicht anrösten und zugeben. Alles in ein verschließbares Gefäß geben. Einige Stunden tiefkühlen.
3 Vor dem Servieren leicht antauen lassen.

Nährwerte von Trockenfrüchten					
Produkt	Energie		Hauptnährstoffe		Ballast-stoffe
			Eiweiß	Fett	KH	
	kcal	kJ	g	g	g	g
Äpfel	255	1067	1,4	1,6	57,0	10,1
Aprikosen	240	1003	5,0	0,5	47,9	8,6
Bananen	326	1362	4,4	0,8	75,2	12,0
Birnen	213	890	3,1	1,8	46,0	13,5
Datteln	277	1160	2,0	0,5	65,2	9,0
Feigen	247	1032	3,9	1,3	54,0	12,9
Kapstachelbeeren	330	1394	6,9	8,3	52,3	20,6
Kiwis	334	1397	4,9	4,0	69,1	8,4
Korinthen	259	1084	1,7	–	63,1	7,0
Pfirsiche	244	1020	3,1	0,6	53,9	11,7
Pflaumen	222	927	2,3	0,6	47,4	5,0
Rosinen	276	1156	2,3	0,5	63,9	5,6
Sultaninen	266	1113	1,8	–	64,7	5,4

Nährwerte von Samen					
Kürbiskerne, steirische	615	2575	35,0	49,0	4,0	3,0
Leinsamen, ungeschält	398	1666	24,0	30,9	6,0	38,6
Mohnsamen	466	1949	20,0	41,0	4,2	20,5
Sesamsamen	562	2350	17,7	50,0	10,2	11,2
Sonnenblumen-kerne, geschält	580	2428	22,5	49,0	12,3	6,3

Nährwerte von Nüssen					
Produkt	Energie		Hauptnährstoffe		Ballast-stoffe
			Eiweiß	Fett	KH	
	kcal	kJ	g	g	g	g
Cashewnüsse	569	2380	17,2	42,0	30,5	2,9
Erdnüsse	583	2464	25,3	48,1	12,1	7,1
Erdnüsse, geröstet	588	2459	26,4	49,4	9,4	11,4
Haselnüsse	647	2705	13,0	61,0	11,4	7,4
Kokosraspeln	606	2536	5,6	62,0	6,4	24,0
Macadamia-nüsse	687	2874	7,5	73,0	20,0	15,9
Mandeln	577	2413	19,0	54,0	3,7	15,2
Maronen	192	813	2,5	1,9	41,2	8,4
Paranüsse	673	2818	14,0	67,0	3,6	6,7
Pekannüsse	703	2941	9,3	72,0	4,4	9,5
Pinienkerne	674	2820	13,0	60,0	20,5	1,0
Pistazienkerne	618	2584	20,8	51,6	17,5	6,5
Walnüsse	666	2788	15,0	62,0	12,1	6,1

KH = Kohlenhydrate
kcal = Kilokalorien
kJ = Kilojoule
g   = Gramm
–   = keine Angabe
Die Angaben beziehen sich jeweils auf 100 Gramm verzehrbaren Anteil.

Über dieses Buch

Über die Autorin

Marlis Weber ist Geschäftsführerin der Reformhaus-Fachakademie. Sie leitet ein Team, das sich seit Jahren mit Ernährung aus ganzheitlicher Sicht befasst.

Für die Recherche zu diesem Buch bedankt sich die Autorin bei Marita Koch und Ute Thote.

Hinweis

Das vorliegende Buch ist sorgfältig erarbeitet worden. Dennoch erfolgen alle Angaben ohne Gewähr. Weder Autorin noch Verlag können für eventuelle Nachteile oder Schäden, die aus den im Buch gemachten praktischen Hinweisen resultieren, eine Haftung übernehmen.

Literatur

Die große GU Nährwerttabelle. Gräfe und Unzer. München 1992/93
Horn, E.: Nüsse, Datteln und Rosinen. SüdOst Verlag. Waldkirchen 1998
Kranz, B.: Früchte – der gesunde Genuss. Südwest Verlag. München 1997
Schaal, J.: Nüsse & Kerne. Seehamer Verlag. Weyarn 1998

Bildnachweis

idee public relations, Hamburg: 9 (N. N.); Kargl C., München: Titel; neuform-Kochstudio, Zarrentin: 70 (N. N.); Südwest Verlag, München: 2 (Schieren), 6, 18 (Kerth), 15, 28 (P. Rees), 44 (C. Kargl/U. Schoenenburg), 80, 106 (Albrecht), 88 (Heuer), 92 (R. Hofmann), 102 (A. Endress), 110 (C. Paxmann)

Impressum

Der Südwest Verlag ist ein Unternehmen der Verlagshaus Goethestraße GmbH & Co. KG.
© 1999 Verlagshaus Goethestraße GmbH & Co. KG, München

Redaktion:
Jutta Friedrich,
Dr. Ulrike Kretschmer

Projektleitung:
Dr. Ulrike Kretschmer

Redaktionsleitung:
Dr. med. Christiane Lentz

Bildredaktion:
Tanja Nerger

Produktion:
M. Metzger (Leitung), A. Aatz,
Dr. E. Weigele-Ismael

Umschlag:
Heinz Kraxenberger,
München; Till Eiden

Satz/DTP:
Mihriye Yücel, Veronika Moga

Druck und Bindung:
Druckerei Uhl, Radolfzell

Gedruckt auf chlor- und säurefreiem Papier

ISBN 3-517-06112-3

Rezepteregister